Adrenaline
Junkies
and
Template Zombies

Tom DeMarco, Peter Hruschka, Tim Lister,
Steve McMenamin, James Robertson, Suzanne Robertson
Translated by Yumi Izuhara

プロジェクトの現在と未来を映す86パターン

トム・デマルコ／ピーター・フルシュカ／ティム・リスター／
スティーブ・マクメナミン／ジェームズ・ロバートソン／スザンヌ・ロバートソン

伊豆原弓 訳

日経BP社

Adrenaline Junkies
and
Template Zombies

by Tom DeMarco, Peter Hruschka, Tim Lister,
Steve McMenamin, James Robertson, Suzanne Robertson

Copyright © 2008 by Tom DeMarco, Peter Hruschka, Tim Lister,
Steve McMenamin, James Robertson, Suzanne Robertson

Japanese translation published by arrangement with Dorset House Publishing Co Inc.
through The English Agency (Japan) Ltd.

はじめに

　抽象化は人間独特のものだ。私たちはいつ何どきでも、目覚めているかぎりは抽象化を行っている。しかし、ずっとそうしてきたわけではない。有史以前のいつか、はじめて抽象化が行われた瞬間があったはずだ。原始の人類が何かを見つめ、なんとなく見覚えがあるなと思い、突然「ああ、またアレだ！」とひらめいた瞬間が。それが最初の抽象化である。その瞬間から、何もかもが変わった。人はこの地球上に解放された。

　抽象化は人間だけのものだが、パターン認識はそうではない。人間独特のものではまったくない。ねずみは、猫がいつごろ眠りそうか、人間がいつ台所から出ていくか、最近いつパンくずが床に落ちてまだ掃除されていないかを学習してきた。この週末はバレないように出かけるはずだったのに、飼い犬はあらゆる前兆を嗅ぎつける（スーツケースのせい？）。近くに棲むアライグマは、いつ潮が引いて、庭のコンポストをあさるより海岸に出た方が収穫があがるかをちゃんと知っている。ところが、どれほどパターン認識を極めてもねずみや犬やアライグマにできないのは、観察して「ああ、またアレだ！」と気づくことだ[*1]。それが抽象化である。

　そのおもな違いは、どのように本質をとらえるかだ。パターンは時間をかけて吸収され、洗練され、精神の奥深く言語の関わらない領域にしまい込まれ、直感という形で表にあらわれる。テニスの試合であのボールキャリアは左へ突進しそうだとか、妻が怒りを爆発させそうだとかいった直感は、過去の経験からパターンを認識した結果である。今週のプロジェクト進捗報告会議は荒れそうだといった直感も同じである。パターンは特に論

[*1] William James, *The Principles of Psychology* (New York: Henry Holt and Company, 1890), p.463. を翻案。

理づけがなくても役に立ち、それだけでも存在価値があるが、パターンについてじっくり考え、そこから何か明確な知見を導き出せれば、その価値はずっと高くなる。

たとえば、こう自問してみよう。この1年で、特に荒れた数回の会議に共通するものは何だろうか。「そういえば、たいていは上司の上司が出席したときだ。そう、だいたい四半期が終わるころだ。最悪だったのは、スケジュールの遅れを報告した会議だ」。これをパターンとして宣言するとこうなる。「私の上司は、会議で遅れが報告されると非常に不機嫌になりやすい。特に四半期の終わりごろ、上司の上司が会議に出席したときはそうだ」

この知見を導き出すときに認識したシグナルは、まだ無意識の底に埋もれていて、たまに直感を刺激してくれる。しかし、一時的に右脳の直感と左脳の言語能力が結びついたときに、本質をとらえて言葉にすることができた。言葉になれば、書き留めたり、その有効性を検証するためにテストを作成したり、ほかの人と共有したり、自分の知見と仲間の知見を融合させたりすることができる。

プロジェクトに関わる人の多くは、パターン認識とそれによって得られる直感は得意とするが（たとえば、「このプロジェクトは最悪の事態に向かっている気がする」）、そのパターンをもっと有用な形式に抽象化するのは苦手である。そこでこの本である。6人の著者が額を集め、合わせて150年の経験の中で吸収してきたパターンを文章にした。

本という形式をとる都合上、何らかの順番を決めて掲載する必要がある。しかし、パターンそのものには決まった序列はない。最初から最後まで楽しく読めることだけを考えて、自分たちの好みで順番を決めた。

冒頭から読むにしろ適当な順番で読むにしろ、これだけは留意しておいてほしい。私たちは、観察したパターンの普遍性を主張す

るものではない。これらのパターンは、どこにでもあてはまるものではない。各々のパターンは読者の組織に合うかもしれないし、合わないかもしれない。もし読者の認識と合い、以前は直感にすぎなかったものを、チームとともに表現し、試し、磨くことのできる知見へと変化させる一助になれば幸いである。

　本書の執筆にあたっては、建築家であり哲学者であるクリストファー・アレグザンダーと、そのすばらしい著書『パタン・ランゲージ』[*2] に負うところが大きかった。この独創性に富んだ著作の中で、アレグザンダーと共著者は、建築に関する数百通りのパターンを文章化した。この本のおかげで、自分たちの暮らす建物、そして暮らしたい建物を深く理解できるばかりでなく、よく考えられた抽象化は、どのような題材でもわかりやすく人に伝えることができるのだとわかる。

---

*2　C. Alexander et al., *A Pattern Language: Towns, Buildings, Construction* (New York: Oxford University Press, 1977).
　（邦訳　クリストファー・アレグザンダー『パタン・ランゲージ―環境設計の手引』平田翰那訳、鹿島出版会、1984 年）

CONTENTS

1 **アドレナリンジャンキー** … 1
アドレナリン中毒の組織は、猛烈に動き回ることが健全な生産力のあかしだと信じている。

2 **スピード勝負** … 5
プロジェクトチームは、一刻も早く誰がいつまでに何をすべきかを決め、すぐにあらゆる必要な行動をとりたいと思っている。

3 **死んだ魚** … 9
プロジェクトが始まったその日から、目標を達成する見込みはゼロである。プロジェクトに関わる人のほとんどは、それを知っていながら何も言わない。

4 **幸福礼賛会議** … 12
士気が高いように見せることが、個人の成績評価を大きく左右する。

5 **乳母** … 14
プロジェクトマネジャーは、昔ながらのイギリスの乳母と共通するスキルをもっている。

6 **関連痛** … 17
目に見える問題にとらわれ、根本的な原因を解決しない。

7 **マニャーナ** … 20
すぐに動き始め動き続けなければ仕事が片づかない。そう認識できる時間枠を越えて期日が設定されると、切迫感がなくなり、行動しようというモチベーションがうせる。

8 **アイコンタクト** … 24
任務が緊急かつ複雑な場合、組織はプロジェクト要員を同じ場所に配置しようとする。

9 **ムードリング** … 27
マネジャーは、プロジェクトが直面するリスク、意思決定、問題ではなく、チームの活動、努力、熱意をもとに状況報告を行う。

10　信者 ... 32
特定の方法論を教義のように受け入れる人がいる。教典から少しでも外れるのは冒涜だと思っている。

11　魂を貸す ... 35
現場の人間に、長年かけて修得したスキルや技術を捨てる用意がある。

12　レミングサイクル ... 38
プロセスには調整しろと明記されているのに、プロジェクトチームはあくまでも調整しない標準プロセスを守り続ける。

13　ベンチに人なし ... 41
組織をスリム化しすぎて、重要なメンバーがひとり欠けたら破綻する。

14　フェイスタイム ... 43
分散プロジェクトチームは、サイト間で顔を合わせる機会をなるべく多く設けることによって、親しみや信頼を築き、離れていてもチームワークがとれるようにする。

15　「どうしてミケランジェロになれないんだ？」 ... 46
マネジャーは、チームの能力が向上することをひそかに期待しながらツールを調達する。

16　ダッシュボード ... 48
強いチームと弱いチームはダッシュボードを使うが、並のチームはほとんど使わない。

17　永遠の議論 ... 53
いつまでも不満を訴える権利を与えていて、結局は何も決まらない。

18　子犬と老犬 ... 56
若者（20代）の多い組織は、年寄りだらけの組織より活気がある。

19　映画評論家 ... 59
映画評論家とは、プロジェクトにとって自分の価値は過去や今後の間違いを指摘してやることだと思っていて、間違いを正すためには何もしないメンバーや傍観者のことである。

20　一人一役 ... 63
プロジェクトの作業が、1つの任務につきひとりの責任者と明確に対応している。どれが自分の任務でどれが仲間の任務か、各自が正確に知っている。

| 閑話 | プロジェクトことば | 66 |

無害と思える言葉に、不穏な意味が隠されている。

21 ソビエト式 68
完成した製品は、顧客が要求した機能は備えているが、嫌われてすぐに捨てられる。

22 自然な権威 71
能力あるところに権威あり。

23 静かすぎるオフィス 73
オフィスが静かすぎるのは、チームが魔力を失ったしるしである。

24 白線 74
プロジェクトは、スコープの定義をはっきりさせるために、テニスコートの白線のようなものを使う。

25 沈黙は同意とみなされる 77
相手には、あきらめの沈黙と同意の区別がつかない。

26 かかし 80
チームのメンバーは、フィードバックと感想を早く引き出すために、平然とかかしソリューションを提供する。

27 いつわりの緊急任務 83
コストをおさえるためだけに、きつい締め切りが課される。

28 ［時間］に切り札を奪われる 85
［時間］はひどいプロジェクトマネジャーである。

29 ルイス＆クラーク 88
プロジェクトチームは、問題領域を探索し、その可能性を調査するために初期投資を行う。

30 ちびた鉛筆 91
コスト削減の波が続くと、組織にはプロジェクトを完了する能力もなくなってくる。

31 リズム 93
チームは、一定の間隔をおくことによって、仕事のリズムをつくる。

32 残業に見る予兆 95
マネジャーは、早い時期から残業することを、プロジェクトの輝かしい健全性のあかしだと考えている。

33 ポーカーの夕べ 98
職務に関係のない活動のために、組織のあちこちから従業員が集まる。

34 エセ品質ゲート 101
プロジェクトの品質保証担当は、本当の品質向上には役に立たない形式チェックにとらわれている。

35 テストの前のテスト 105
「テストにはテスト以上の意味がある（だからテストの前に始めるべきである）」——ドロシー・グラハム

36 サイダーハウス・ルール 107
プロジェクトチームのメンバーは、プロジェクトの作業に関係のない人びとがつくったルールを無視または回避する。

37 まず話す、次に書く 110
プロジェクトチームは会話の中で決定を下し、それからすぐに決定を文書で伝える。

38 ダボハゼ 113
よくばりすぎると組織の動きは鈍くなり、思ったほどの成果は得られない。しかし、そこには抗いがたい魅力がある。

39 アトラス 116
チームのリーダーが、（ほとんど）あらゆることに長けている。

40 裸の組織 120
完全オープンの方針は、しだいに進歩を止めることになる。

41 ピア・レビュー 123
組織は、候補者と同僚となるスタッフを採用プロセスに参加させる。

42 シュノーケリングとスキューバダイビング 127
分析活動はプロジェクトの期間中続く。トップダウンで、ボトムアップで、そして中間（ミドル）から四方八方へ。

43 いまいましいインタフェース　130
プロジェクトチームのメンバーは、自動化の世界であれ人間の世界であれ、絶えずインタフェースに注目している。

44 ブルーゾーン　133
チームに少なくともひとり、いつも与えられた権限以上のことをするメンバーがいる。

45 ニュースの改良　136
悪いニュースが組織の下から上へ正確に伝わらない。

46 真実はゆっくり告げる　140
企業文化の圧力のせいで、人びとは不快な情報を隠すようになる。

47 エンドゲームの練習　143
チームは、開発期間中一定の間隔で、つくりかけの製品をリリース基準と照らし合わせる。

48 ミュージックメーカー　146
IT組織には、音楽をたしなむ人が偏在し、極端に多い場合もある。

49 ジャーナリスト　149
ジャーナリストは、正確に報告するという目標を、プロジェクトの成功という目標から切り離してしまうプロジェクトマネジャーである。

50 空席　151
ユーザーエクスペリエンス全体を考え、コンセプトの統一性をはかる人がいない。

51 いとこのビニー　154
チームのメンバーは、自分たちのアイデアを評価し改良しようと議論する。猛烈に議論するが、恨みは残さない。

52 機能のスープ　157
製品にはバラバラな機能がぎっしり詰め込まれるが、その多くは、顧客の本当のビジネスニーズにはほとんど役に立たない。

53 データエラーの真犯人　160
データの品質がひどい場合がある。この問題に対して嘆かわしいほどよくとられる手段は、そのデータを処理するべくもっといいソフトウエアを探すことである。

54 その名は「ベン」 162
　　仕事が絶好調だったり、プロジェクトがおもしろかったり、製品がクールだったりして、給料よりも仕事そのものが好き、という人たちがいる。

55 ミス・マナーズ 164
　　チームの仲間に質問するのは、失礼なことだと思われている。

56 知力の集中 166
　　1つのプロジェクトにフルタイムで参加すると、個人のパフォーマンスは向上する。

57 「野球に泣くなんてのはないんだ!」 169
　　感情を表に出すことを否定する文化は、対立を水面下に潜らせてしまう。

58 暴力脱獄 171
　　れっきとした対立が「コミュニケーションの失敗」と解釈される。

59 期日はかならず守る 173
　　チームの自慢は、何があろうとかならず期日までにリリースを完成させることである。

60 フード++ 176
　　プロジェクトチームのメンバーがいつも一緒に食事をとり、可能なら、チームで計画して調理する。

61 ほったらかしの成果物 179
　　プロジェクトで、誰も金を出そうと思わないような成果物がつくられる。

62 隠れた美 182
　　プロジェクトのある側面は、十分な域を超え、エレガントな域さえ超え、崇高な域に向かう。

63 わかりません 185
　　健全な組織には、本当のことを安心して言える文化がある。それが、すぐには答えられないという内容だったとしても。

64 レイクウォビゴンの子供たち 188
　　マネジャーは、成績評価で優れた者と劣った者に十分な差をつけない。

ix

65 共同学習 192
プロジェクトの関係者は、他人から学ぶことの多さを理解している。

66 魂の仲間 195
ある種のチームは、開発プロセスの最も基本的なルールさえ無視することが許される。

67 十字穴付きネジ 198
あきらかに優れたアイデアは、意外なことに、すぐには受け入れられない。

68 イノベーションの予測 201
チームは、イノベーションに対するニーズと、経営者の予測可能性に対するニーズのバランスをとる。

69 マリリン・マンスター 204
開発者がキングの組織もあれば、開発者が歩兵(ポーン)の組織もある。

閑話 編集室の残骸 207

70 ブラウン運動 209
プロジェクトのビジョンが形成されないうちに、チームのメンバーが追加される。

71 音吐朗々 211
プロジェクトの目標が、繰り返し明瞭に掲げられる。

72 安全弁 214
チームは仕事の緊張に立ち向かうため、時々ガス抜きをする方法を考え出し、それがチームの生活の一部になる。

73 バベルの塔 217
プロジェクトは、開発チームとステークホルダーの全員が理解できる一貫した言語をつくれない。

74 サプライズ 219
報奨やインセンティブを提供するマネジャーは、思いも寄らない反応を受ける。

75 冷蔵庫のドア 221
チームのメンバーは、作業の成果をいつも全員に見えるように掲示する。

76 明日には日が昇る   225
マネジャーは、将来の進捗の平均は過去の進捗の平均を上回ると信じている。

77 パイリングオン   229
ステークホルダーは、支援を装って追加追加でプロジェクトを膨れ上がらせ、ついには失敗に追い込む。

78 変更の季節   231
プロジェクトの期間中に何度か、スコープを変更する絶好の機会が訪れる。それらはたいてい、イテレーションの切れ目に関係している。

79 製紙工場   234
組織は、作成された文書の重さと数によって進捗の度合いを測る。

80 オフショアの愚行   237
経営陣は、低賃金に目がくらんでオフショア開発計画を始めるが、開発サイト間のコミュニケーションは複雑になる。

81 作戦会議室   241
専用の作戦会議室を使うことで、プロジェクトの中心が定まる。

82 何のにおい？   243
組織の中にいる人は、組織の根底にある生命力にも腐敗にも気づかない。

83 身につかない教訓   246
チームは間違いを認識しているが、それでも同じことを繰り返す。

84 生半可なアイデアの美徳   250
チームは、生半可に思えるアイデアでも育てようとする。

85 リーク   252
時間とコストは、注意深く測定されるカテゴリーから、さほど厳しく測定されないカテゴリーへと「逃れる」傾向がある。

86 テンプレートゾンビ   255
プロジェクトチームは、製品を完成するために必要な思考プロセスによってではなく、テンプレートによって作業を進める。

1

アドレナリンジャンキー

アドレナリン中毒の組織は、猛烈に動き回ることが
健全な生産力のあかしだと信じている。

電話が鳴る。
「どうしても今週中に要求仕様書を修正しなくちゃならないんです。こちらへおいでいただいて、どうにかしていただけませんか」
「仕様書がどうしたって言うんです」
「とにかく急いでいたものですから、仕様書を書く人間をたくさん採用したんです。ところが、この連中がさっぱりわけがわかっていなくて」
「でしたら、かれらに要求仕様書の書き方を指導しにいった方が生産的じゃありませんか」
「しかし、仕様書は今週中に必要なんです」
「わかりました、明日うかがいますよ」
2時間後。
「ちょっと見積書を見にきていただけませんかね」
「仕様書はどうなったんです？」

「時間がないんです。要求仕様書はこのままでいきます。上司が見積書を今日中に出せというもので」

アドレナリン中毒の組織(アドレナリンジャンキー)の特徴は、読者にも思いあたるのではないだろうか。優先順位が絶えず変化する。すべては「きのう」必要である。納期まで時間が足りたためしがない。プロジェクトはすべて急ぎだ。次から次へと緊急のプロジェクトがやってくる。誰もが猛烈に忙しい。それも、いつも。

このような組織にいる人びとは、ものごとを戦略的に考えない。緊急性だけを基準に作業を行う。プロジェクトは「切迫度」が高くないかぎり無視される。たとえ、長期的に得られるものが大きくても。ある日突然ふってわいたように緊急になるまで、無視され続ける。アドレナリンジャンキーは、仕事をする最良の方法は、計画を立てることではなく、可能なかぎり速く走ることだと信じている。

この種の企業文化では、死に物狂いに急ぐことと効率良く成果をあげることが同一視される。このような組織にいたら、中毒にならずにいるのは難しい。切迫感があることがよしとされる。ばかみたいに短い納期に間に合わせようと徹夜で仕事をするプログラマーがもてはやされる(完成品の出来は関係ない)。作業量を守るためだけにいつも休日出勤するチームが、そうしないチームより評価される。さらに、めいっぱい残業して、いつも目が回るほど忙しくしていなければ、「仲間」とはみなされない。会社が沈まないように働いて働いて働きまくる仲間の一員ではないのだ。地味な働きはまったく認められない。

ほとんどのアドレナリン中毒組織には、ボトルネックになる人間が少なくともひとりいる。それこそが、設計をすべて決めたり、要求事項をひとりで設定したり、アーキテクチャをすべて決定したりするヒーローである。この人物には2つの役割がある。ひとつは、人間にはとうてい無理なぐらい自分を忙しく見せること。もうひとつは、たまりにたまった意思決定を一気に下して、組織をますます狂乱状態におとしいれることである。

多くのアドレナリン中毒組織は、何かにつけ顧客サービス倫理を持ちだす。切迫した事態に対応することを、みごとな機動力と勘違いしているのだ。顧客が何か依頼すると、利益になるかどうか（そもそも有意義かどうか）にかかわらず、それはただちにプロジェクトになり、しかも無茶な納期が設定される（この点については、パターン38の「ダボハゼ」を参照）。こうして新しいプロジェクトができれば、当然のことながら、すでにパンク状態のヒーローの仕事がさらに増え、ますます忙しくなる。この事態は、目まぐるしい忙しさへの飽くなき欲求を満たしてくれる。アドレナリン中毒の組織は、これこそがアジャイルだと思っているが、間違いである。

アドレナリン中毒組織は、考えずに反応する。そのせいで、たいていのことは流動的で、はっきりしたものや長期的なものは何もない。流動的な状態はいつまでも続く。仕様書が流動的なので、誰も何をつくったらいいのかわからない。設計と計画も流動的で、明日になればまず間違いなく変更される。重要性や価値によって優先順位をつけることもなく、すべてが急ぎである。

アドレナリン中毒を治してくれる病院はない。アドレナリンジャンキーを一掃して、いつも緊急事態では組織は最大限の成果をあげられないと理解しているマネジャーを後任にすえるしか解決方法はないだろう。しかし、このような人事異動は不可能かもしれない。組織をいつも猛烈に急がせたいと考えているのは、たいてい上級管理職であり、CEO（最高経営責任者）であることも多いからだ。つまりは、猛烈に忙しければ、健全な生産力の幻想を保てるのだ。そして経営者がアドレナリンジャンキーなら、プロジェクトチームも同じようなものである。

アドレナリン中毒の組織は、かならずしも失敗するわけではない。猛烈なペースで何年も事業を続ける場合もある。しかし、安定性と計画を必要とする大きなものは絶対につくれない。ジャンキーの行動はスケーラブルではない。ほとんど指揮も戦略もなしに少人数で必死に働いてどうにかなる範囲に限られる。

もちろん、どんな組織にも大至急何かをすべきときはあるし、組織のな

かには急ぎの業務に集中すべき人がいる。しかし、なんでもかんでもいつも急ぎではないし、全員が急ぎの仕事に関わるわけではない。急ぎの仕事に優先順位をつけて自制できなければ、アドレナリン中毒を治せる望みはほとんどない。

2 スピード勝負

プロジェクトチームは、一刻も早く誰がいつまでに何をすべきかを決め、すぐにあらゆる必要な行動をとりたいと思っている。

開発チームの定例会議中に、ハエになって壁にとまっていたとしたら。会議が始まるとすぐに、次のようなやりとりが聞こえてくる。**われわれが解決しようとしているのは、どんな問題だ？ それを解決するには、何と何が必要なんだ？ それぞれの活動のリーダーは？ 最初にやるべきことは？ 誰がそれをやる？ いつまでに？ この作業にはどれぐらい時間がかかるか、誰が調べる？ いつまでに？ 次回はいつ会議を開いて次のステップを計画しようか？ 以上。**

会議が終わると、たいてい1時間以内に、決定した行動計画をまとめたメールが流される。この議事録が届く頃には、行動計画のうちすでに1項目か2項目が終わっていることもめずらしくない。会議が終わるとすぐさまとりかかっていたのだ。

壁からハエの目で見ていても、これがスピードの速いチームだということはわかる。

われわれの知っているある特別速いチームでは、決定した項目について、会議の最中に参加者が行動を起こすことも日常茶飯事だ。たいてい、任務を割り当てられた人は、「優先順位2の未解決バグは、すべて選別のためプロダクトマネジメント担当へ委譲する」などと作業内容をメモしておいてあとでやるより、すぐにやってしまった方が簡単だと考える。会議に参加していない人に相談しなければ決定できないとしたら、その人にインスタントメッセージを送って、その結果をその場で参加者に報告できれば、行動計画を先へ進められる。

　ここまで速く行動するケースは例外的かもしれない。それに、技術があるからこそできることだ。しかし、このような行動パターン自体は、機械や技術ではなくチームの文化からくるものだ。未解決のバグの委譲に10分かかるか、90分かかるかの問題ではない。チームはすぐに行動を開始した。絶え間なく動いているチームには、いくつかの特徴がある。

- **本能的に切迫感をもっている**。遅れは成功をおびやかす重大なリスクだ。このようなチームは締め切りをちらつかせて脅す必要などない。きちんとできる範囲で、なるべく早く製品を世に出そうと（またはシステムを構築しようと）努力する。時は金なりということを理解しているのだ。
- **個人とチームの能力に絶大な自信をもっている**。暗闇の中、知らない部屋を裸足で歩いていると想像してみよう。前方に何があるかわからず、次の一歩を踏みだした瞬間に何かにぶつかるかもしれないと思ったら、ゆっくり進むはずだ。自信がなければブレーキがかかる。行動志向のチームは、自分たちの決定や行動は正しいと（あるいは修正可能だと）強い自信をもっているため、平気で速く動くことができる。
- **反復に価値があると信じている**。間違えることをたいして恐れていない。自信があるからというだけでなく、途中で何度も評価しては軌道修正するつもりでいるからだ。いつも完璧な決定を下さなくてはいけないという負担もなく、だがたいていは正しいという自信があるため、機

敏に決断して行動できる。

ここでちょっと反対のパターンについて考えてみよう。チームの会議はまるで「トークショー」のようで、楽しいときもあるが、行動はともなわない。このようなパターンには、いくつかのバリエーションがある。

- **完璧な情報を求める**。仕事を終わらせることより、ミスをしないことに重きを置く企業文化がある。つまり、何かをやって間違えるよりは、何もしない方が安全だというわけだ。このような文化の中で育ったリーダーやチームは、最初から何ひとつ間違いのない決定を下すために、十分な情報を求めるようになる。チーム会議では、何をするかは1つも決まらず、何をするか決める前にあとどれだけ情報を集めるかといったことを決める。
- **なんでも「保留」したがる**。弱いチームの方が、強いチームより決定や行動を「保留」する傾向がはるかに強い。保留するという考えそのものが、強いソフトウエアチームに見られる行動重視の風潮とは相反する。強いチームは、ものごとを終わらせたくてしかたがない。下すべき決定や完遂すべき作業があれば、チームはいっせいにとりかかる。決定を先へ延ばした方がよい場合は、開発のどの段階で決定するか予定を立てておく。弱いチームはいつも決定や行動を後回しにする理由を探している。
- **左カッコ " (" のオンパレード**。チーム会議の進め方が悪いと、思いつきで次から次へと話題が飛び、あれこれ議題は持ちあがるが、どれひとつとして終わらない。
- **キャンプファイヤーを囲んでおしゃべり**。チーム会議のなかには、組織で語り継がれている現在や過去の出来事についてとめどもなく語り合うだけで、まったく会議の体を成さないものもある。
- **すべての道は設計に通ず**。チーム内でアーキテクトや開発者の力が強い場合、会議の目的や議題がどうであれ、かならず設計に関する議論に行

き着いてしまうことがある。設計について議論するのはすばらしいことだが、そのためにほかの重要な議題がそっちのけになっては意味がない。
- **次の会議の予定を立てるための会議**。失敗した会議は、かならずこういうことになる。

3

死んだ魚

プロジェクトが始まったその日から、目標を達成する見込みはゼロである。プロジェクトに関わる人のほとんどは、それを知っていながら何も言わない。

　多くの IT プロジェクトの目標は、ひと言で簡単に言いあらわせる。これこれの機能を、これぐらいの精度で、おおむね堅牢に、この期日までに完成させるべし。チームが編成され、これらの目標と制約をもとに詳細な要求仕様書と設計が作成され、発表される。

　実は重大な秘密がある。関係者の誰ひとりとして、プロジェクトが成功裏に終わるとは考えていないのだ。ほかの目標を変えないかぎり、まず期日には間に合わない。不思議なことに、失敗という巨大な魚の死体から放たれる悪臭がプロジェクト全体にたちこめているのに、誰もそのことを口にしない。

　プロジェクトは重苦しく進んでいく。そして、たいてい予定された期日

の数週間前、プロジェクトのメンバー、プロジェクトマネジャー、プロジェクトマネジャーの上司、プロジェクトを傍観していた人びとは、次のいずれかの行動をとる。

1. リリース間近のプロジェクトが、あるべき状態からほど遠いと知って、ショックを受けたりびっくりしたりする。
2. 鳴りをひそめ、聞かれないかぎり何も言わずに黙っている。

これほど多くの組織で、多くの人びとが、「このプロジェクトはとうてい期待どおりにはならない。これは死んだ魚だ」などと言わずに、臭い現実に蓋をしているのはなぜなのか。

多くの組織は成功志向が強いため、疑いを口にする者は、正直な意見を述べたことに対して何の見返りも得られない。それどころか、プロジェクトの早い段階で誰かがこれは死んだ魚だと気づいても、上司はまずこんなふうに答えるだろう。

> 「証明してみろ。成功する確率が0パーセントだと証明してみせろ。過去のプロジェクトで干からびた魚の死体の山ができたからって、結論を出そうと思うな。このプロジェクトは違う。かならず失敗すると言うなら、反論の余地がないように数学的に証明してみせろ」

完璧な証明ができなければ、泣き言を言うなとか、こつこつとまじめに努力するのがいやなのかとか、散々に叩かれる。

> 「おまえは臆病者か、それとも怠け者か。好きにしろ、だがな、この一流企業におまえのようなやつが長くいられるものか」

このような環境では、目標は達成できないとはっきり宣言するより、「一生懸命がんばった」けれどできなかった、という方が安全である。たしかに、

時には手ごわいプロジェクトに挑戦して、譲歩する前に精一杯の努力をすることも必要だ。たしかにそうだが、本当の期日がある厳しいプロジェクトの場合、非常事態であることを全員がぎりぎりまで黙っているはずがない。それが 18 カ月後に打ち上げ予定の通信衛星用のソフトウエアを開発するプロジェクトであったら、打ち上げに間に合わなかったら次の機会はさらに 16 カ月後だとわかっていたら、誰もが毎日、生臭くないかと神経をとがらせるはずだ。わずかでも生臭さを感じたら、すぐさま行動に出る。魚の死体を放置していたら、何の行動も起こさないうちに手だてがなくなってしまうことを十分に承知しているからだ。

　言うまでもなく、死んだ魚は組織にとって有害なだけでなく、プロジェクトチームとマネジャーの士気をくじく。組織の文化がどうであれ、悪臭を放つ死体の上にいつまでものほほんと座っていられる人はいない。死んだ魚を秘密にしておく代償は大きい。

　　　モンティ・パイソン・ファンのために。
　　　「このプロジェクトは死んでません。フィヨルドが恋しいのかも」
　　　「死んでませんたら、羽毛の生え替わり中です」
　　　「こいつは死んだプロジェクトだ。あの世のプロジェクトの仲間入り！」
　　　「それじゃ、次は全然別のパターンを」

幸福礼賛会議

士気が高いように見せることが、
個人の成績評価を大きく左右する。

　士気の高さは、間違いなく組織の健全さを示している。逆に、士気の低さは何かが間違っているしるしだ。マネジャーのなかには、この関連性に目をつけ、逆に利用しようとする人間がいる。その理屈はこうだ。士気を高めれば、ほかにもいいことが起きるはずだ、と。

　なるほど、ではどうやって士気を高めればいいか。しかも、ものごとを根本から改善するために必要な時間や労力や費用といった面倒なものをいっさい使わずに。難しいが、やってできないことはあるまい。こうして、「士気が高まるまで殴り続けろ」などというブラックユーモアが生まれる。

※ 写真はコーポレート・エンターテイナーのクリス・リン（www.chrislinn.com）

強制的に士気を高める手段としてよく使われるのは、儀礼的な会議である。上司が満面の笑みをうかべて、集められた一同の前に立ち、会議を始める。「ぜひみなさんの意見を聞かせてください」と自信に満ちた態度で言う。「どんなことでも、悪い知らせでも厳しい質問でもかまいませんよ」。その声音は、なんとなくこう言っているようでもある。「何も隠すことなんてありませんよ、私たちはしあわせな大家族ですから」

　　私の知っているある会社では、幸福礼賛の儀式のことを「全員会議（オールハンド）」と呼んでいる。全員が参加するよう呼びかけられるからだ。ところが、ある勇敢な出席者がほんとうに手をあげてCEOに厳しい質問をしたところ、期待したような結果にはならなかった。CEOは何かぶつぶつ言って、すぐに演壇を降りてしまった。その日のうちに、無礼な質問者は直属の上司に叱責され、厳しい質問が歓迎されるなどというのは幻想だと知った。それ以来、この会議はかげで「ノーハンド会議」と呼ばれるようになった。誰も挙手して参加することなど求められていないとわかったからだ。
　　　　　　　　　　　　　　　　　　　　　　　　　　── TDM

　自分に求められているのは意見を言うことではない、賛同することだけだと感じたら、まさにこれと同じことが起きている。幸福礼賛会議へようこそ。

5

乳母

プロジェクトマネジャーは、
昔ながらのイギリスの乳母と共通するスキルをもっている。

　良いマネジャーは、部下の能力を理解している。責任を割り当て、人材のスキルと仕事の性質がベストの組み合わせとなるよう計画する。ここまではわかりきったことだ。なかには、さらに一歩先を行くマネジャーもいる。人びとが最大限に能力を発揮し、さらに能力を高められるような労働環境を、技術面と社会面の双方で整える。部下には仕事に必要なツールが行き届くようにする。部下同士の質問や議論をうながし、チームの一人ひとりに適した課題を与え、必要なときには批判し、楽しく仕事ができる職場をつくり、ものごとがスムーズに運ぶよう必要な修正を加える。ひと言でいうと、良いマネジャーは、乳母が子供を育てるように部下を育てる。

　昔ながらのイギリスの「乳母」は、家庭で子供の世話をするために雇われる。乳母は普通、教師、看護師、料理人としての訓練を受けており、子供の身体、情緒、社会性、創造性、知性の発達について責任を負う。乳母は毎日、子供を危険から守り、外の新鮮な空気をたっぷり吸わせて運動させ、

栄養のある食べ物を与え、世界について学びその中で生きていけるようにする。子供の世話以外にも、子供の発育について心配なことがあれば両親に伝え、特別な才能があれば伸ばしてやる。乳母は、子供が安全にリスクをとって学ぶことのできる環境をつくる。

マネジャーがこのような乳母的資質を備えていれば、人びとの才能を育て高めることによって、質的にも量的にも優れた仕事を引き出すことができる。

> これまでに出会った上司のなかで最高のマネジャーは、ピーター・フォードだ。目に見えることとしては、私たちが仕事をするために必要な道具立てを整えてくれた。たとえば、以前のオフィスには仕切りがなく、知的労働に最適の環境とは言えなかったが、ピーターは吸音壁を設置する予算を確保し、さらにチームのために「静かな部屋」を用意してくれた。これらのことはもちろん、彼がしてくれたほかのことについても、私たちの知らないところで交渉や駆け引きがあったはずだ。システム開発の新しいアイデアについて本を読み、話し合うようすすめられた。チームの蔵書に本や雑誌を寄付しては、それらについてみんなで話し合う時間を設けたりもした。チームの誰かが不満をもっていたり体調が悪かったりすると気がつき、声をかけて手を貸してくれた。組織のほかのことからチームを守ってくれたが、チームに不満があるときははっきりそう言った。彼のオフィスのドアが閉まっていることはめったになかった。ピーターは私たちの乳母だった。
>
> —— 3QN

次のいずれかの条件にあてはまるようなら、その組織にはすでに世話を焼いてくれる乳母がいるのかもしれない。マネジャーに会うのに約束がいらない。つまらない雑用にいちいち時間を割く必要がない。オープンな雰囲気があり、誰もが自分の考えを口にして、お互いから学ぶことができる。マネジャーが研修や教育をぜいたくではなく必要なことと考えており、新

しいアイデアについてみんなで話し合うための時間をとる(朝のコーヒー会議、金曜午後のブックレビューなど)。

　どんな集団にもうわさ話はつきものであり、それにともなう無駄な時間がある。しかし、世話役のマネジャーにめぐまれた職場では、マネジャーがチームに本当のことを知らせてくれるため、こうした時間の無駄を最小限におさえることができる。うわさにたよらなくても、組織の中で何が起きているかを知ることができる。事実を知っている、信頼されていると思うと、人は自分の仕事に集中できるものだ。

　乳母タイプのマネジャーは、自分を仕事の支援者と考える。昔ながらの乳母は、子供の能力が発達するようすを見ると満足感を得られるが、「乳母」マネジャーは、チームの各メンバーがそれぞれの役割をうまく果たすようになり、生産性が高まり、自分の仕事に満足するようになると満足感を覚える。

　このパターンの反対は、マネジャーの関心が、政治的駆け引き、管理、手続き、さらに上のマネジャーへの追従にある場合だ。チームと話をするより、PERT図やガントチャートをつくったり手直ししたりする方が大事である。チームの世話はそっちのけで、実際の開発作業にかかりっきりのマネジャーもいる。

　あなたの組織は、マネジャーの役割をどう考えているだろうか。仕事の支援者となったマネジャーに十分報いているだろうか。組織が雇うのは乳母か、それとも管理人か。

6

関連痛

目に見える問題にとらわれ、根本的な原因を解決しない。

「関連痛」とは、原因個所ではない身体の部分に痛みがあらわれる状態を指す言葉である。たとえば、脊椎を損傷すると、脊椎以外の場所に症状があらわれる。坐骨神経痛がよい例だ。患者は足に痛みを感じるが、原因は腰椎の椎間板が飛び出て、脊柱管の神経を圧迫していることにある。いくら足を治療しても痛みはなくならない。根本原因がほかの場所にあるからだ。同様に、心臓発作が起こると左腕に関連痛が生じることが多い。いくら左腕を治療しても、患者の命を救うことはできない。

プロジェクトを立ち上げるときには、目に見える問題、つまり、クライアントにとって最も明白でつらいと感じる問題に対処しようとする傾向がある。しかし、関連痛ばかりに目を奪われていると、できあがった製品は肝心な問題を解消できず、ほとんど役立たずということになりかねない。

次のような例を考えてみよう。銀行の顧客は、暗証番号を忘れると、セキュリティ部門に暗証番号のリセットを申請する。しかし、手間とコストのかかる本人確認の手続きを経なければ、新しい暗証番号は発行できない。あるイギリスの銀行では、暗証番号のリセットの費用が年間400万ポンド以上にもなった。そこで、暗証番号リセットの手間とコストを軽減するために新しいソフトウエアを開発するプロジェクトを立ち上げた。

　このプロジェクトは、問題の根本原因（暗証番号を忘れる人が多すぎる）を放置したまま、関連痛を治療しようというものだ。その銀行は暗証番号の変更方法が難解なため、利用者はさっぱり頭に入らない暗証番号を使い続けることになり、「暗証番号を忘れました」という問い合わせが他行よりはるかに多かった。本質的な問題に対処しようと思えば、数分の1のコストでできたはずであり、従来の暗証番号リセット方式でも十分あつかえる程度に問い合わせ件数を減らせたはずだ。

　根本原因ではなく関連痛に対処する理由としてよくあるのは、調査をしたくないことである。その原因は、組織の文化にある場合もあれば、プロジェクトに早く製品を出せという圧力がかかっている場合もある。「さあ、必要なものはわかってる。これこれのレポートをつくってくれ。すぐにだ」。しかし、本来なら、最初に勇敢なアナリストが「そのレポートが完成したら、何に使うんです？ 実際のところ、何をしようとしているのですか？」とたずねなければならない。

　一番明るいところを見たい、という場合もある。たとえば、よく知っている技術に着目し、最もなじみ深い解決方法をあてはめられるように問題をとらえがちである。ビジネスの問題の解決方法をWebサービスのデザイナーにたずねると、たいてい、Webサービスによる解決方法をすすめられる。データベースのデザイナーにたずねると、データベースを使った解決方法が返ってくる。言うまでもなく、どちらの場合も、根本的な問題の中に自分の使いたい解決方法とうまく合わない要素があれば、その部分をあっさり無視してしまう。さらに、一番解決してみたい問題、クールな製品ができそうな問題にとらわれることもある。エンジニアは目に見える問題に飛び

ついたり、聞かされた問題を鵜呑みにしたりして、粋な方法で解決してやろうと考えるが、結果として間違った方向に能力を使うことになる。

　自分が関連痛にとらわれていないかどうかを知る強力な手がかりは、「回避策」である。現行のシステムに何らかの修正が必要になった場合、おおもとのシステムを直さずに、問題があらわれた個所をどうにかしようと、その場しのぎの回避策がとられることがある。つまり、おおもとの間違いはそのままで、結果だけを手直しするのだ。回避策は応急処置にすぎず、問題の根本原因を解決することにはならない。しかし、効果があるように見えると、さらに回避策を使うようになり、時には回避策の上に幾重にも回避策を重ねることになる。回避策を使っているうちに、応急処置の方が手術より安あがりに思えてくる。

　問題の根本原因は微妙な場合が多く、あきらかな症状とまで言えないこともある。しかし、ほんとうに必要なものを調べ、本質的な問題を解決するために努力すれば、かならず何倍にもなって報われる。

マニャーナ

すぐに動き始め動き続けなければ仕事が片づかない。
そう認識できる時間枠を越えて期日が設定されると、
切迫感がなくなり、行動しようというモチベーションがうせる。

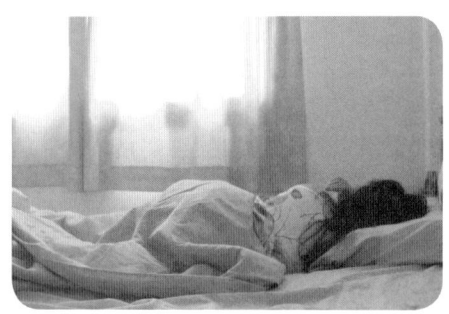

　ポール・リビアが真夜中にマサチューセッツ州の村や町を馬で駆け抜けながら、こう叫んでいたらどうなっていただろう。「イギリス軍が来る！ イギリス軍が来るぞ！ 来年のいつか──いつどこにか正確にはわからないが、とにかく来年、イギリス軍が来るんだ！」*1
　リビアは、期待したような反応を得られなかったにちがいない。たぶん、「静かにしろ、ポール！」という怒声を浴びていただろう。それどころか、尿瓶の中身を浴びせられたかもしれない。
　切迫感は、行動を起こすための強力な誘因になる。切迫感がなくなると、行動は「今日やること」リストの下の方へ沈んでいく。ほかのことの方が魅力的になり、今日という日はほかの用に使われ、結局それが何日も続く。
　誰にでも、すぐに行動を起こさなければ仕事が片づかないと気づく時間枠がある。たいていの人の場合、その時間枠は30日から90日ぐらいだ。

私たちは今日の自分を見つめ、今後30日から90日の仕事の経過を考えることができる。その期間の仕事を計画し、切迫感につなげられる。行動を起こし、注意深く何をすべきかを考える。

　この時間枠の外が「マニャーナ」である。スペイン語で「いつかそのうち」を意味するマニャーナは、仕事をやらなければならないことはわかっているが、す・ぐ・に・とりかからなければ終わらないということをわかっていない状態である。

　たいていのプロジェクトは、人間の切迫感の時間枠より長くかかる。プロジェクトを何がなんでもあと30カ月で完成させなければならないと会社から言われても、心の底から切迫感が沸いてくることはない。話はたしかに聞いて、それが重要だということも理解するが、頭の中で小さな声がささやく。「30カ月か。その頃には死んでるかもしれないな」

　大規模プロジェクトの場合、メンバーの意識を時間枠の中に集中させることによってマニャーナを避ける。90日以内とか30日以内に具体的な成果物を仕上げるよう作業指示を出すのだ。たとえば、こんなふうに。

---

*1　アメリカの歴史と伝承に詳しくない人のために。ポール・リビアは、アメリカ独立戦争直前のある夜、村や町を馬で駆け抜けながら、イギリス軍が来ると入植者たちに警告し、1775年のレキシントンの戦いに備えさせたとされる。マサチューセッツ州の子供が全員学校で憶えるヘンリー・ワーズワース・ロングフェローの『ポール・リビアの騎行』という詩がある。その最後の一節はこうだ。

　　　　ポール・リビアは夜通し馬を駆り
　　　　一晩中警告の叫びを発した
　　　　ミドルセックスのすべての村と農場に
　　　　恐怖の叫びではなく抵抗の呼びかけを
　　　　暗闇に響く声，ドアをたたく音
　　　　永久にこだまする言葉
　　　　過ぎし日の夜風に乗って
　　　　われらが歴史の最後の時まで
　　　　闇のなか，危急のとき
　　　　人びとは目覚め、耳を傾け聞くだろう
　　　　駆けゆく駿馬のひづめの音を
　　　　ポール・リビアの真夜中の伝令を

　ポールにマニャーナなどなかった。生まれながらにして切迫感をもっていた。

「トレーディング画面のプロトタイプをつくろう。債券トレーダー用だけでいいから、2週間以内に」

「システムが新しい注文を受けて、在庫の有無を確認して、フルフィルメントへメッセージを送るためのコードを仕上げよう。注文の変更やキャンセルやなにかは気にしなくていい、とりあえず新規の注文だけだ。この部分だけを今月半ばまでにデモできるようにすること、いいな」

プロジェクトチームのすばらしいところは、本当のゴールに向かうのと同じように、このような当面の任務に立ち向かえることだ。基本的に健全なプロジェクトであれば、メンバーは努力して、2週間以内にシステムを完成させる場合と同じように、2週間以内にプロトタイプを仕上げることに集中するはずだ。

しかし、気をつけるべきこともある。重要なのは、時間枠の中で本物の成果物を仕上げることだ。進捗だけでは不十分である。「5月末までに仕様書を50パーセント仕上げよう」といった目標では、満足のいく結果は得られない。小さな声がささやく。「50パーセント、つまり5月末までには終わらないということだ。それまでにほんとうに終えなくてはいけない仕事はどれだったかな」

特にたちの悪いマニャーナには注意しなくてはいけない。それは、作業にとりかかる準備をするために、度を越して時間をかけることだ。テスト支援用に最適なツールを、時間をかけて探し回る。開発者にできるかぎり最高のサポートを提供するために、どのようにライブラリを設定したらよいかをこまかく話し合う。こうした時間は、プロジェクト終盤の仕上げのために取っておいた方が、はるかに価値があるはずだ。

シーラ・ブレイディは、アップルのプロジェクトマネジャー時代を思い起こし、マニャーナと目に見える近い未来の違いについてこう語る。

「どんなプロジェクトでもかならず、終わりに近づいたときには、あと1週間あったらと考えずにいられない」

優秀なプロジェクトマネジャーがみなそうであるように、シーラは、プロジェクトの初めと終わり頃とでは、1日のあつかい方が同じではないことをさとった。そして、仕事にとりかかる最適な方法は、マニャーナ(そのうち)ではなく今日とりかかることだと。

8

アイコンタクト

任務が緊急かつ複雑な場合、
組織はプロジェクト要員を同じ場所に配置しようとする。

プロジェクトを地理的に分散化する動きはすでに十分定着し、もはや逆戻りはしないだろう。分散化のメリットは誰でも知っている。読者自身も、そのメリットを部下に説き、大半のスタッフが都市部にいるのに、キシミーやリッチモンドアポンテムズに少数部隊が配置されている理由を説明した経験があるかもしれない。要はコストと人材確保の問題だ。

しかし、正直なところ、プロジェクトの結果に自分の人生がかかっているとしたら、全員を同じ場所に集め、お互いに顔を合わせられる環境で仕事をさせたいと思わないだろうか。もちろん、遠くのサイトに特別な才能をもつ人材がいて、こちらのサイトには匹敵する能力をもつ人がいないということもありうる。そうした場合、分散化のコストを支払うという選択肢もあれば、そうしない選択肢もある。この場合に重要なのは、コストや人材確保を作業を細切れにする理由にすべきではないということだ。希有な才能やスキルをどうとらえるかの問題だ。そして、任務の緊急性が高ければ

高いほど、同じ場所に集まる必要性が高まってくる。

　フルタイムの熱心なプロジェクトメンバーが 1 カ所に集まると、ある種の奇跡が起こる。ほかのメンバーのニーズや能力を理解するようになり、それにともない、チームの力を最大限生かせるように自分自身のやり方を修正していくのだ。このようなチームワークは、たとえば、円滑に機能するホッケーチームに見られるチームワークとよく似ている。ごくわずかな合図によって息を合わせるには、物理的に近くにいる必要がある。

　開発チームにも、緊密に連携するために必要な大事な合図のようなものがある。なかでも最も重要なのは、信頼し、信頼されることである。遠くにいるメンバーとも、メールや電話で連絡をとれば、それなりに正確に情報を伝えられる。たとえば、相手が知りたい詳しい情報を教えたり、約束をしたり求めたりする。相手から伝えられたことを信じるかと聞かれたら、もちろん、と答える。しかし、「今聞いたことをどれぐらい深く信じるか」と聞かれたら、答えは相手がどこにいるかによって大きく違うはずだ。一緒に働いているメンバーが伝える約束や要望には、ボディランゲージや過去の経験がついてくる。発展する人間関係の中でのやりとりだ。相手がどういう意味で言っているのか、よくわかる。同じ約束や要望でも、大陸の反対側や海の向こうから伝えられた場合、背景にある状況はほとんどわからない。

　距離を隔てて信頼し、信頼されることは難しい。ニュアンス、自信、ある種の皮肉、含意、確信の強さ、絶望感や無力感、エネルギーのレベル、いつわりをくみ取るのも難しい。このようなわずかな意味の違いがわからなければ、コミュニケーションはうまくいかない。概要は伝わるが、そこから導き出す結論は確定的なものとは言えないはずだ。こんな穴があるまま、プロジェクトを進められるのか。不可能ではないが、チームが同じ場所にいる場合ほどうまくはいかない。

　パターン 14 の「フェイスタイム」では、やむなくチームを分散化する場合、たまにでも直接顔を合わせる機会を大事にするべきだと述べる。いつもアイコンタクトのあるチームは、さらに一歩進んでいる。プロジェクトが重

要なものなら、代替のきく人材をわざわざほかの場所で採用するような分散化にはまったく意味がない。逆に言えば、国中とか世界中に散らばった人材を使ってすむようなプロジェクトは、たいして重要ではないということだ。このパターンのあてはまる組織では、緊急だとか複雑だとかいう言葉は、プロジェクトチームを同じ場所にとどめるために使われる切り札である。

　同じ場所で働くべき理由をどれほど説いても無視される（許されない）場合、経営陣が分散化チームの神話を鵜呑みにしている。どこの誰であろうとかまわず、プロジェクトが始まったときにたまたま確保できた人材が、当然のように新しいプロジェクトチームのメンバー候補になる。このような環境では、チームとは名ばかりのものにすぎない。

9

ムードリング*1

マネジャーは、プロジェクトが直面するリスク、意思決定、問題ではなく、チームの活動、努力、熱意をもとに状況報告を行う。

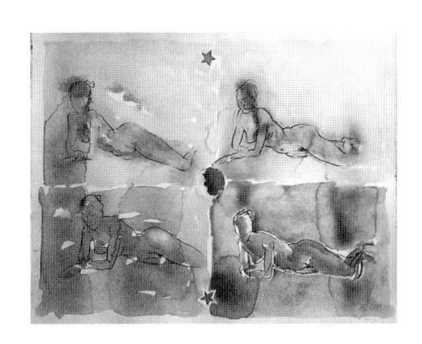

　プロジェクトマネジャーが仕事の話をしているところを聞いてみよう。特に、プロジェクトの状況をどのように伝えるかを。それによって、その人のマネジメントの方法がよくわかることがある。

　ここで紹介するのは、ドナというマネジャーによる状況報告である。この例は極端だが、実際にある数多くの報告の典型的な例でもある。

　「このリリースは、もう少しで機能が完成することを喜んでご報告します。遅れている人も若干いますが、チームがこれほど多くを成し遂げたこと、みんながここにたどり着くために懸命に努力してきたことを誇りに思

---

*1 ムードリングは70年代にアメリカで流行した。そのアイデアは単純だ。ムードリングを指にはめると、自分の感情によって石の色が変わる。わずか数ドルで自分の気持ちがわかるというわけだ。

※ イラスト "Mood Ring" by Bruce MacEvoy

います。そして、オフィスに満ちあふれる笑顔を見て、今も士気は高いと感じます。このようにすばらしい仕事をするチームメンバーがいることをうれしく思います。あといくつかの機能も、すぐに完成してくれるにちがいありません。

　残念なことといえば、ボブ・ジェンセンが会社を辞めることをご報告しなければなりません。ボブは5年以上にわたってQA（品質保証）チームを支える大黒柱でしたから、惜しまれます。ボブに先立って、先月にはキャシー・エンライトが退職しました。ご存知のように、キャシーも経験豊富なテスト担当者でしたから、これからQAのマネジャーは大変でしょう。

　また、新しい機能のテストの開発状況も少々心配です。まだ早急に結論を出す時期ではありませんので、やや不安があるとだけ申し上げておきます。キャシーやボブのようなすばらしい仲間が去っていくのは悲しいことですが、われわれのQAチームは、困難なときにこそステップアップしていくチームですから、昼夜をおかず努力してくれるでしょう。あとのことは時がたてばわかります」

開発状況に関するドナの説明で、いくつか気づく点がある。

1. ドナは、活動レベルの高さ、チームの真剣な努力、プロジェクトに対する全員の熱意を取り上げている。
2. ドナは「現在」とその前後少々に注目しているが、チームの活動をとりまく全体的な時間、資源、成果物の枠組みには言及していない。
3. 計画どおりに進んでいないものごとについて話すときには、それによって生じる感情を語っている（「テストの開発状況も少々心配です……」など）。
4. ドナの所見は全体的に結論がなく、進行形で語られる（「あといくつかの機能も、すぐに完成してくれるにちがいありません」など）。
5. マイナス要素にも言及しているが、報告全体の調子は楽観的である。

マネジャーが楽天的で、多少感情を表に出したからといって、何が悪いのだと考える人もいるだろう。もちろん、悪くはない。しかし、コミュニケーションが極端にこのような方向に偏っているプロジェクトマネジャーがいたら、たいてい2つの問題が見つかるはずだ。まず、このような報告は、あらゆるプロジェクト状況報告の最も基本的な目的をまったく果たさない。成功する可能性を最大限に高めるため、ただちに修正措置をとるべき要素に、注意を向けさせることができない。今後数週間のうちに、このプロジェクトのいかなる状況に対して注意を払い、意思決定を行い、行動をとるべきかがわからないのだ。ドナのような説明のしかたでは、プロジェクトのいくつかの局面について質的な評価ができるだけで、相対的な問題の大きさはつかめない。

　このようなコミュニケーションの背景にありがちなもうひとつの事情は、さらに致命的である。結論のない進行形の活動ばかりに注目するプロジェクトマネジャーは、自分たちが最終的に何を達成しようとしているのか、わかっていない場合が多い。マネジャーもチームも、できるだけ速く次の一歩を踏みだすことしか考えていない。ところが、こうしたチームは最後の最後になって、期日までに製品が完成する見込みがないことや、軌道から逸れすぎて約束したものを納品できないことに気づく。

　先ほど、ドナのコミュニケーションスタイルは一方の極端な例だと述べた。次に、その対極にあるリサというマネジャーの報告を聞いてみよう。

「先週の4月28日が機能完成の期日でした。このリリースを構成する18のコンポーネントのうち、15は機能が完成しています。あと2つは今週中に完成します。最後のコンポーネントであるデータウエアハウスのインタフェースは、さらに遅れています。5月20日までは機能が完成する見込みがありません。QA担当は現在、この遅れを吸収するためにどの程度の優先順位の変更が必要か、また、この遅れのために出荷延期を提案することになる可能性があるかどうかを検討しています。5月10日に行われる次のコアチームミーティングで、QA担当の意見を聞くことに

なっています。いずれにせよ、来月にはこの機能ぬきで公開ベータ版をつくるということで、プロダクトマネジメント担当の了解は得ています。

　既存の機能の自動リグレッションテストスイートは今週の時点で完成しており、夜間に実行しています。パス率は80パーセント程度で、リリースサイクルのこの時期としては標準的です。4週間以内にパス率を90パーセント台に高め、公開ベータ版のリリースに間に合わせたいと思っています。

　過去30日にQA担当のエンジニアが2人辞めたため、新機能のテスト開発は遅れています。後任の採用を進めていますが、チームに組み込まれて戦力になるのは、今回のリリースまでには無理だと思われます。QA担当は、サポートチームから2人応援要員を借りられないか検討しています。この損失が新機能のテスト範囲にどの程度影響するかは1週間以内にわかりますが、当面、テスト開発の中間目標達成は予定より遅れると考えざるをえません」

リサの状況報告は、いくつかの点でドナの報告とは異なっている。

1. 作業内容に応じ、成果物の状況によって評価を下している。
2. 中断、問題、計画変更などに注目し、それらについて必要な修正措置や決定事項を明示している。
3. リサの意見はだらだらと続かず、一つひとつ区切りがあり、そのほとんどに明確な見通しがある。
4. 客観的情報と判断的要素のバランスがとれている。

実際、ドナやリサのとおりにコミュニケーションをとるマネジャーはまずいない。たいていのマネジャーは、両者の中間である。とはいえ、ドナのタイプには注意が必要である。いつも進捗状況より努力を重視するパターンは、舵を取ることと進路を決めることの違いを理解していないマネジャーにありがちである。

それはそうと、何より大事なのは、鏡の中にドナがいないか確かめることだ。自分のコミュニケーションがドナのようになってきたと思ったら、ドナと同じようにチームの進むべき方向が見えていないのではないか、みんな目標めざして懸命にがんばっているというだけではないのかと自問してみることだ。

10 信者

特定の方法論を教義のように受け入れる人がいる。
教典から少しでも外れるのは冒涜だと思っている。

広く受け入れられているソフトウエア工学の手法のほとんどは、基礎研究によって開発されたものではなく、現場の経験から生まれたものである。人びとは、プロジェクトにとって有効だった手法を記録に残そうとし、その経験が少人数のグループからほかの多くの人びとへと伝わる。われわれは、何人もの一流のプロセスデザイナーと話をしたが、ほとんどの人が(1)自分の手法は特定の分野、または特定のプロジェクト規模のために開発されたものであり、(2)自分の手法は、どのような環境でも意図した効果を発揮するようにつくられたものではない、と認めている。

私たちが開発した ProMod という CASE ツールは、初期バージョンのうちは、顧客が問題ないと言うことでも、やたらとエラーあつかいした。私たちは、どのような手法を導入するときも、教科書どおりにやった。それがいいと信じていたのだ。テキストに何か書いてあったり、例が載って

いたりすると、杓子定規にそれを抜き出してコーディングした。ユーザーがそのやり方に厳密に従わないと、エラーとして処理した。エラーではなく警告にとどめればよいと気づいたのは、ずっとあとになってからだ。さらに、警告メッセージを表示するかどうかはオプションにするべきだと気づいた。つまり、メッセージを表示するかどうかはユーザーに任せて、ルールをきっちり守らなくても使えるようにしたのだ。

—— PH

　たいていのプロセスの教科書には、その手法が何にでも使えるわけではないときちんと注意書きされているが、信者はこうした注意を無視するか、たいてい最後の方にある注意書きのページまで読まないかのどちらかである。現在はXP（エクストリームプログラミング）を支持するのが大流行しているが、支持者のなかには、ケント・ベックの最初の本のうち、XPの限界を明確に説明している最後から2番目の章を読んだことのない人も多い。

　あるクライアントは、ソフトウエア工学のスキルと情熱があるため、上司から絶大な信頼を得ていた。あるとき、UML（統一モデリング言語）の最新バージョンである 2.1 のアクティビティ図について話をしていた。彼女が「多次元スイムレーン、割り込み可能領域、パラメータセットといった新機能すべてをサポートしていないから」という理由で、会社が選んだ UML ツールを使うのを断ったと聞いて驚いた。かわりに Visio 図形を使った方が、この新しいアクション言語のあらゆる提案に従うことができると言うのだ。どうしてもそれらの新機能が全部必要なのだと言う。彼女はまさに信者だった。

—— PH

　プロジェクトに信者がいると、身動きがとれなくなることがある。コンテンツに集中せず、手法戦争を始めるのだ。また、手法について助言を依頼されたコンサルタントが信者だったという場合もある。関係者のうち2

人（社内の人間であれコンサルタントであれ）が異なる方法論の信者だった場合、究極の衝突が起きる。代理戦争勃発である。かれらがどれほど優秀であっても、一方を取り除いてうまくやっていければ、その方がましである。

　「異なるプロジェクトには異なる方法論が必要である」
　　──アリスター・コーバーン『アジャイルソフトウェア開発』

11

魂を貸す

現場の人間に、長年かけて修得したスキルや技術を
捨てる用意がある。

一流のプロのほんとうにすばらしい点は、確立された個人やチームの能力に問題をはめ込むのではなく、問題に合わせて解決策をつくろうとすることだ。チームのメンバーに、既知のツールやアプローチを応用するスキルがないという意味ではない。プロは技術に魂を売らず、魂を貸す。言い換えると、新しいアイデアに出会ったら、その長所を検討し、過去の技術と比較し、最適なアプローチを用いるべく賢明な決定を下す用意があるのだ。

長年にわたって守り、修得してきた技術を捨てるのは容易なことではないが、魂を貸す者は、それによる一時的な不安をやり過ごすことができる。現在の技術が十分なことはわかっているが、その一方で、新しい技術の方

※ イラストはゲーテの物語で、ファウストは悪魔に魂を売る契約をする。

がさらに優れているかもしれないとわかっている。流行りの技術をかたっぱしから追いかけるわけではないが、慣れ親しんだ今のやり方を捨て去り、進歩の良い所を考える覚悟がある。それは、現状に安穏とするのではなく、未来を見つめる姿勢である。

　魂を貸すことの利点は、技術の潮流が変わったときに取り残される心配がないことだ。読者の周囲にも、みずから開発者と称しながら、もう何年も新しいプログラミング言語を覚えようとしない人がいるはずだ。そういう人たちは、自分の使える言語が載っている求人広告をあさり回る。それは、かつて最先端だったが、今やほとんど使われなくなった無数のプログラミング言語のひとつである。

　組織の場合、魂を貸すのは簡単なことではないが、そこには困難にまさる利点がある。もちろん、組織は気まぐれに技術を変えるわけにはいかない。組織で使う言語、開発手法、技術インフラなどには、ある程度の安定性が必要である。ここで述べているのは姿勢の問題だ。組織が絶えず新しい技術を調査すると決めた場合、とびきり優秀な人材を集めるために門戸を開く。そして、「われわれは時代とともに変化する会社です。ここで一緒に働けば、技術のよどみに取り残されることはありません」とうたう。

　新しいものが良いとはかぎらない。プログラミング言語、モデリング技法、方法論、ソフトウエアツールなどの新技術は、通常は説得力のある売り文句とともに発表され、誇大に宣伝されることも多い。新技術は、先端技術を大いに躍進させる「銀の弾丸」と見られることもある。人びとは誇大宣伝の魔力にとりつかれ、深く考えないまま熱狂するうちに、魂を売り渡してしまう場合がある。その結果、あらゆる問題を新技術による解決策にはめ込もうとする。一方、魂を貸しただけの人は、約束と現実を区別できる。何にどのような利点があるかを明確に理解しているため、新技術の長所の中から取捨選択ができる。

　技術はめざましいスピードで変化しており、今日の光り輝くイノベーションがきのうの錆びついた座礁船になることもめずらしくない。組織であれ個人であれ、魂を貸す者は技術にのめり込まない。新しい技術は熱心に受け

入れるが、それが一夏のロマンスにすぎないことを知っていて、その技術が次の進歩に取ってかわられるまでの間、誠実にたくみに利用するだけのことである。大事なのは「この技術は何に適しているか」であって、「どうしたらこの技術でこの問題を解決できるか」ではない。

　問題と解決策を区別できることは、魂を貸す者になるための第一歩である。次の一歩は、どれほど優れた技術であっても、明日にはもっと優れたものがあらわれると知ることである。いかなる技術にも魂を売り渡してファウストのような契約をしないことだ。

12 レミングサイクル

プロセスには調整しろと明記されているのに、
プロジェクトチームはあくまでも調整しない標準プロセスを守り続ける。

　CMMI（能力成熟度モデル統合）、SPICE、ISO9000などのプロセス改善プログラムの一環として、開発プロセスの社内基準を設ける企業は多い。当然、これらのプロセスモデルを導入するにあたっては、開発チームのメンバーが果たすべき役割、行うべき活動、作成すべき成果物が定められる。ほとんどのプロセスモデルは、すべてのプロジェクトが同じように成り立つわけではないとしている。そこで、いくつかのモデル（ドイツのVモデルやラショナル統一プロセスなど）は、プロジェクトの制約に合わせて役割、活動、成果物を修正するための詳しい調整ガイドラインを用意している。

　プロセスを調整し、とりわけ成果物を削るには勇気がいる。どれか手順を省略したり、要求される成果物の一部を作成しないと決めたりすれば、プロジェクトが失敗したときに批判にさらされる可能性がある。もっとプロセスを忠実に守って、指示どおりにすべての文書を作成していれば、プロジェクトは成功したはずだと非難されるだろう。批判を恐れ、あるいは

罰を恐れるがために、調整が敬遠されることがある。その結果、チームは安全策をとり、章立てから段落まですべて勧告どおりにそろえた完璧な要求仕様書を作成し、マイルストーンごとのセクションに分けた品質管理計画を作成し、WBS（作業分解図）のパッケージごとにワークアサインメントを作成し、プロセスの隅から隅までありとあらゆる手を打つ。

> フィリップ・クルーシュテンに何を変えたいかとたずねたところ、もう一度ラショナル統一プロセスを開発する機会があったら、もっと簡単にツールを使ってプロジェクトごとにプロセスの調整や応用ができるようにして、プロジェクトにとってほんとうに役に立つものにしたい、という答えが返ってきた。
>
> —— PH

　調整をしない理由は、勇気のなさだけではない。もっと単純な理由がある場合も多い。プロジェクトの制約に合わせてプロセスを調整するには、労力が必要である。そして、プロジェクトマネジャーは、ほかの差し迫った問題の対応に追われ、具体的な方法を話し合って決めるひまもない。そこでこんなふうに考える。「会社はプロセスと成果物を決めるために外部から専門家を連れてきたんだ。専門家のすることにどうしてわれわれがあれこれ言う必要があるんだ。そのままでいいじゃないか。たいした間違いが起きるはずがない。それに、制約に合わせてプロセスを変更したからといって、報酬をもらえるわけじゃなし。プロセスの変更などに無駄な時間を使うことはない。みんなと同じようにやればいいんだ。それならすぐにでもプロジェクトに着手できる」

　プロジェクトの本当のニーズに合っていないプロセスに固執すると、作業開始は早まるかもしれないが、完成も早まるとはかぎらない。

　プロセスの調整をしないプロジェクトマネジャーは、決められたレシピをかたくなに守る料理人のようなものだ。決して偉大なシェフにはなれない。もちろん、偉大なシェフも最初は見習いで、下ごしらえの基本技法を

師匠から学び、師匠のレシピをまねることから始める。しかし、基本以外のことを学び、標準的なレシピから離れるようになって初めて人並み優れた料理人になる。

13

ベンチに人なし

組織をスリム化しすぎて、
重要なメンバーがひとり欠けたら破綻する。

　「万一のため」に、目覚まし時計を 2 つセットしたり、ダッシュボードの小物入れに小銭を入れておいたりしたことのある人は、最も堅実なリスクマネジメントを実践していたということだ。何か間違いがあったときのために、資源を二重化しておくことで身を守るという方法である。

　プロの知識労働者からなるプロジェクトチームを運営する場合、重要なメンバーを失うことは最も明白なリスクだろう。そこで普通は、代打を 1 人か 2 人用意しておく。プロジェクトの主要メンバーの誰にでも取ってかわれる幅広いスキルをもった人物を 1 人か 2 人。え、用意していないって？ ほんとうに？ まさかそんな！

　予備人員を用意しない理由は、コストがかかるからだ（この点は重要なので注意してほしい）。コストがかからないなら何人でも用意するだろうが、そうはいかないので用意しない。効率を第一に考えると、必要な仕事をできるだけ少ない人数で終える必要がある。飢餓の経済は楽しいものではな

いが、それが資源の効率的な使い方というものではないのか。

　この論理の問題点は、カネのことだけを考えて、時間について考えていないことだ。たいていの開発プロジェクトでは、資金より時間の方が足りない。プロジェクトがある程度まで進んだところで、時間が足りないことに気づく。そのとき、プロジェクトマネジャーや経営陣は、多少のカネをばらまいてでも時間が買えたらと思うはずだ。しかし、プロジェクトがそこまで進んだ段階で、時間を買える可能性は低い。

　ベンチに交替要員を用意しておくことは、重要なメンバーがいなくなった場合にカネを時間に替える手段になる。この予備人員をかしこく使えば、プロジェクトの重要なスキルを部分的にでも二重化できる。当然、チームは最低コストの規模よりは大きくなるが、予備人員も遊んでいるわけではない。必要とあらば代打がつとまるだけのスキルをもっているのだから、予備人員として控えている間は、与えられた仕事では役不足だろう。誰かを失ったときに、どうにか代わりがつとまる人がその場にいて、すぐに代役を果たしてくれる利点は大きい。チームのメンバーを失って初めて交替要員を探し始めるより、時間を使わずにすむはずだ。

14

フェイスタイム

分散プロジェクトチームは、
サイト間で顔を合わせる機会をなるべく多く設けることによって、
親しみや信頼を築き、離れていてもチームワークがとれるようにする。

コンピュータ関係者の会合では、若手のプログラミングマネジャーが、凡庸なプログラマーを何百人もそろえたプロジェクトより、一流の人材を集めた少数精鋭チームの方がいいと主張するのをかならず耳にする。誰でも考えは同じだ。

これが何の抜粋か、すぐにわかる人もいるだろう。30年以上前に出版された本だと聞いて驚く人もいるかもしれない[1]。今もあいかわらず同じことを耳にする。ただ、「プログラマー」が「開発者」になったのと、現在のマネ

---

[1] Frederick P. Brooks, Jr., *The Mythical Man-Month: Essays on Software Engineering* (Reading, Mass.: Addison-Wesley, 1975), P.30.
（邦訳　フレデリック・P・ブルックス『人月の神話―狼人間を撃つ銀の弾はない』滝沢徹・牧野祐子・富澤昇訳、ピアソンエデュケーション、2002年）

ジャーは、同じ場所で働く少数精鋭チームがいいと言うはずだ。それは30年前、40年前、50年前から変わらぬ真理であり、今でも同じである。それがソフトウエアを開発する最適な方法なのだ。

ところが、以前に比べて地理的に分散した大規模な開発チームが一般的になっているように思える。プロジェクトチームは2～3カ所の現場で構成されることが多いが、なかには6カ所以上もの開発サイトに分散したチームもある。大規模な分散チームは、いくつかの同じ場所で働く少人数チームで構成されているかもしれないが、それらのサブチームが同じ統合システム、同じ製品の各要素を開発しているとしたら、やはり1つの分散チームとして運営しなければならない。

動機はどうであれ、分散開発が増加しているのは、やはりコラボレーション技術が発展して手軽に使えるようになったからではなかろうか。チームは、昔ながらの電話会議や電子メールに加え、インスタントメッセージ、Wiki、テレビ会議、Web会議を駆使して分散開発の課題に対応している。

分散チームをうまくまとめているマネジャーは、少なくともたまにはメンバーが集まる機会をつくるよう気を配っている。なぜ分散チームが成功するために、直接顔を合わせることがそれほど重要なのか。顔を合わせる機会が少ないと、あるサイトで働くチームがほかのサイトで働くチームを見くだすようになってくる。「ほかのサイト」が「役立たず」を意味することもある。ある程度の頻度で定期的に職務の垣根を越えて顔を合わせていれば、相手に善意を示し、疑わしいことを良い方へ解釈する気持ちが生まれ、電話会議やWeb会議で消費するための善意の備蓄ができる。

それでは、どれぐらい顔を合わせていれば十分と言えるのだろうか。答えはチームによって異なるが、以下の一般的なガイドラインを参考に、プロジェクトごとに判断していけばいいだろう。

- サイト間の作業の調整を担当する人は、最も頻繁に会う必要がある。そのような人は、通常、プログラムマネジャー、プロジェクトマネジャー、リリースマネジャーといった肩書をもつ。リリースサイクルごとに何

度か会う必要がある。3カ月に1回程度では不十分である。
- 開発者、QAエンジニア、テクニカルライターのなかでは、リリースサイクルごとに最低1回、各サイトのベテラン同士が顔を合わせる必要がある。このレベルで相互の信頼と敬意を築いておけば、各サイトに戻ったとき、オピニオンリーダーが若手のメンバーに影響を与えることができる。
- 時には若手のメンバーがほかのサイトを訪れることで、自分たちの仕事がチーム全体の任務の中でどのような位置づけにあるかを確認できる。また、ほかのサイトのベテランと接することで、教育やキャリア開発の一環にもなる。さらに、有能な若手を昇進させたいと考えている場合、ほかのサイトのマネジャーに自分の評価を支持してもらう機会ができる。

　分散開発を確実に失敗させる簡単な方法を考えてみよう。それは、会社が遠くのチームを買収したあと、コスト削減の圧力に屈して、やむなく「事態が改善するまで一時的に」出張を制限することだ。分散開発で成功するには、出張予算を減らさず、むしろ増やす必要があることは間違いない。

　分散開発は本来難しく、ハイリスクの方法である。欲しい人材を確保しやすいという理由で、そのリスクが正当化される場合もある。トム・ウルフの言葉を借りれば、「すすめはしない、わかるだろう、でもやれないことはない」[*2]ということになる。顔を合わせる機会は、ぜひとも必要な要素である。

---

*2　Tom Wolfe, *The Right Stuff* (New York: Farrar, Straus & Giroux, 1979).
　　（邦訳　トム・ウルフ『ザ・ライト・スタッフ——七人の宇宙飛行士』中野圭二・加藤弘和訳、中央公論社、1983年）

15 「どうしてミケランジェロになれないんだ？」

マネジャーは、チームの能力が向上することを
ひそかに期待しながらツールを調達する。

　ソフトウエアツールの宣伝では、すずしい目元の若い男性が、そのツールを使えばどれほど生産性が向上して絶大な効果が得られるか、途方もない約束をしてみせたりする。ほとんどの消費者は、努力しないで痩せられるとか、寝ている間に外国語が身につくといった誇大広告の真実を見抜けると言ってよいだろう。しかし、悩めるITマネジャーは、現実と幻想を見分ける能力を失うことがある。

　そのようなマネジャーは、製品をつくらねばという圧力を受けているが、そうするためのリソースが足りない。自動ツールがたのみの綱に思える場合がある。しかし、藁にもすがる思いでツールに飛びつく買い手は、ユーザーにも相応のスキルが求められるという事実を見落としている。

　　　ツールのコストは、ツールのコスト以上に高くつく。

　　　　　　　　　　　　　　　—— ドロシー・グラハム

ここで大事なのは見かけの問題だ。デスクトップにツールがあるだけで、開発者の能力や生産性が高まった気がする。しかし、ツールだけでは何も変わらない。生産性は自動的には向上しないし、報告されるエラーはあいかわらず気が滅入るほど多く、士気もさっぱり上がらない。そして、そうではないと事実が証明しているのに、生産性のボトルネックはカネを使えば打ち破れるという思い込みは続く。

　「たがねは買ってやった。なのに、どうしてミケランジェロになれないんだ？」すぐに生産性を高めようと必死の組織では、そんな問いかけが聞こえてくるが、そうした組織にかぎって、能力よりも給料の安さで人材を雇う。ミケランジェロ組織にはかならずと言っていいほど、買ったきり積まれたままのツールの山がある。

　ツールが便利なことは言うまでもない。適切な使い手に渡れば、すばらしく生産性を高め、ツールがなければできなかったことを成し遂げられる。しかし、ツールの作り手も言っているはずだが、使いこなすためのスキルがあることが必須条件である。たがねは、ミケランジェロが手にとらなければ、へりの鋭い金属片にすぎない。

16 ダッシュボード

強いチームと弱いチームはダッシュボードを使うが、
並のチームはほとんど使わない。

リリース名 \ 検証日	8/9	8/2	7/26	7/19	7/12	6/21
Chelsea	8/31	8/31	8/31	8/31	8/15	8/15
Kennington	10/20	10/20	10/20	10/20	10/20	10/20
Kennington Server	11/15	11/15	11/15	11/15	11/15	11/15
Hounslow	12/22	12/22	未定	未定	未定	未定
Hounslow for Linux	2/14	2/14	未定	未定	未定	未定
Hounslow for Solaris	未定	未定	未定	未定	未定	未定

■ 緑　　■ 黄　　■ 赤

　「ダッシュボード」という言葉をGoogleで検索してみると、自動車に関連したものは少ししか出てこない。ここ10年で、ダッシュボードは、プロジェクトやビジネスプロセスの状態を視覚化して伝える手段として普及した。

　ダッシュボードとは、各種指標を通常は図表と数値の両方で表示し、プロジェクトやプロセスの進捗状況を全体的に描きだす文書やWebページのことである。トップレベルには各パフォーマンス指標の要約が表示され、ユーザーがそれらを「ドリルダウン」して、さらに詳しい情報を見られるタイプのものもある。

　上の図の例は、多くのダッシュボードと同じく、プロジェクトやビジネスプロセスのさまざまな側面の相対的な健全性を色で分けて表示している。これは特に広く使われている色分け方法のひとつで、信号と同じ緑、黄、

赤の3色を使っている。

　色分けとシンプルなデザインを使ったダッシュボードは、非常に有効なツールとして役に立つ場合もある。しかし、まったくの時間の無駄になる場合もある。その違いは、ダッシュボードそのものとはほとんど関係がなく、ダッシュボードを使う組織の文化の問題である。

　優れたチームは、ダッシュボードを利用することによって、適切な時期に最重要の決定を下し、最重要の行動をとることにチーム全体が集中する。その根本には、次のような考え方がある。(1)いつどのようなときでも、ある状況が生じるとプロジェクトが成功する可能性は低くなる。(2)そのような状況に気づきにくい場合がある。(3)特に重要な問題に対して迅速に修正措置をとることができれば、成功の確率は高まる。適切なダッシュボードを使えば、修正の必要な状況に目を向けることができる。

　弱いチームは、ダッシュボードを使って、ほかの人に責任を押しつけたり、(良いことを伝えて)非難の矛先をそらしたりする[*1]。自分のチームがこのタイプかどうかを知るには、次の兆候を探してみるといい。

- **赤は失敗を意味する**。口に出そうと出すまいと、チームがこう信じているなら、そのチームはダッシュボードをさらし台として使っている。ダッシュボードは、プロジェクトの成功のために修正すべき個所がひと目でわかるように、色などの状態インジケータを共有するためのものである。赤になったら不利な立場に立たされるということになると、人びとは最もあきらかにすべき状況を隠すようになりかねない。非難を恐れて赤を使わないようにすることは、音がうるさいからといって煙感知器の電源を切るようなものだ。
- **橙は現実から目をそむけた赤である**。弱いチームは、真実に向き合えない。すべてを楽観的に見たがり、警鐘を鳴らすことを避けたがる。ダッシュボードにもこうした見方があらわれる。橙色は、バラ色の眼鏡をか

---

*1　パターン45「ニュースの改良」を参照。

けて見た赤色にすぎない。
- 緑はあまり見るなという意味である。いつまでたっても緑のままで、ぎりぎりになって突然赤になる場合がある。チームによっては、プロジェクトのある要素が黄または赤だと宣言すると、その項目が緑ではないことを証明してみせろと言われる。黄や赤は、「おまえはダメだ」という意味なのだ。このような文化があると、当然のことながら、失敗が目前に迫るまですべての項目は緑のままである。そして赤になったときには、修正する余地は残されていない。

このような慣習は、根の深い、しかも致命的な問題が表面にあらわれたものである。このように動くチームは、成功への情熱ではなく、批判への恐怖を原動力としている。チームはこのような特性を、自分たちのリーダーから受け継ぐ。ダッシュボードはリーダーシップの問題を正すことはできない。表面化させるだけだ。

それでは、有効なダッシュボードの特徴とはどのようなものだろうか。いくつか挙げてみよう。

1. **ダッシュボードを使ってもデータに圧倒されない。**最も確実にプロジェクト管理計画をつぶす方法は、すべてを報告することだ。優れたダッシュボードは、ごく限られた指標を慎重に選んで報告する。
2. **ダッシュボードを抜粋・編集できる。**チームのダッシュボードは、ある意味、チームの週報のようなものだ。どの情報をフロントページに表示し、どの情報を3階層下に埋めるかを決める過程で、重点項目がはっきりする。
3. **情報を示すだけでなく判断をうながす。**ダッシュボードのなかには、企業の年次報告書のようなものがある。ページをめくってもめくっても表とグラフばかりで、客観的な事実を示してはいるが、ほとんど役に立たない。このようなダッシュボードは、現状についての情報はやまほど提供するが、それでいいのか悪いのかという本質的な問題には

関知しない。有効なダッシュボードは、情報を提供するだけでなく、判断をうながす。

4. **現状を反映するだけでなく未来を予測する**[*2]。チームはダッシュボードを成績表のように使って、何が起きたかを報告することがある。有効なダッシュボードはそれだけでなく、将来何が起きて何が起きないか予測を示す。予測ができるダッシュボードの例については、『バランス・スコアカード—新しい経営指標による企業変革』を参照してほしい[*3]。

5. **長期的なトレンドを示す**。プロジェクトやプロセスのスナップショットしか示さないダッシュボードは、びっくりするほど多い。しかし、業務が完全に停止して動かないならともかく、これではデータとして十分とはいえない。また、チームはプロジェクトの軌跡を理解する必要がある。ある項目が黄色だったとして、その前は何色だったのか。修正措置が功を奏して改善してきたのか、それとも悪化して赤色に向かっているのか。

6. **チームが主観的な評価を報告しなければならないときに、比較をするための枠組みがある**。ダッシュボードの評価は、完全に客観的ではない。チームのメンバーの判断を反映するものであり、また、そうあるべきだ。そのときに重要なのは、その判断がどのような意味をもつかを明示することである。赤、黄、緑といった表示の定義は実にさまざまで一貫していない。ちなみに、われわれは次のような定義が望ましいと考える。

    - 緑——プロジェクトは順調で、大幅な修正措置をとらなくても期待に応えられそうである。
    - 黄——約束の期日またはその他の期待に応えるには、ただちに十分

[*2] パターン49「ジャーナリスト」を参照。
[*3] Robert S. Kaplan and David P. Norton, *The Balanced Scorecard: Translating Strategy into Action* (Boston: Harvard Business School Press, 1996).
（邦訳　ロバート・S・キャプラン、デビッド・P・ノートン『バランス・スコアカード—新しい経営指標による企業変革』吉川武男訳、生産性出版、1997年）

な修正措置をとる必要がある。
- 赤──プロジェクトは計画にほど遠い。すでに期日に遅れているか、何らかの計画変更を含めた徹底的な措置をとらないかぎり、まもなく遅れる。

ここでは緑・黄・赤のモデルを使ったが、これらの定義はさまざまな種類のステータスレポートに応用できる。有効なダッシュボードは、スタイルや形式がどうあれ、次の最も重要な特徴を備えている。成功の確率を高めるためにただちに修正すべき点にチームの注意を向けることができるのだ。

17 永遠の議論

いつまでも不満を訴える権利を与えていて、
結局は何も決まらない。

　多くのプロジェクトチームは、いかなる決定も最終的なものとは考えない。決定を受け入れたように見えても、実は争うのはあとにしようと決めただけのことである。1月に決めたことが、2月にも3月にもそのあとにも繰り返し議論される。
　このような行動の影響として最悪なのは、プロジェクトにとって最も貴重な資源である時間を浪費することだ。プロジェクトのリーダーは、開発サイクルの間、さまざまな決定を行わなければならない。1つの決定に何度も立ち戻っていると、不必要な時間を使い、ほんとうに重要な決定に十分に注意を向けられなくなることはほぼ間違いない。さらに、何人ものメンバーが納得のいかない決定について不平不満をもらしている間、各人のエ

※ イラスト Evan Lindquist, Academe: Faculty Meeting, ©Evan Lindquist/VAGA/New York & SPDA, Tokyo, 2009

ネルギーはプロジェクトを進めるためには使われない。

　なぜこのようなことになるのだろうか。「永遠の議論」はそこら中で発生するため、組織の文化から起こるもののようにも思われる。しかし、永遠の議論の根本原因はチームのリーダーにある。決定に納得のいかないメンバーは、リーダーが我慢しているかぎり不満を訴える。議論を打ち切るべき時を見きわめ、勇気をもってやめさせるのはリーダーの責任である。

　確立したプロ集団の特徴は、意思決定のルールとともに、その後の対処に関するルールも含めた有効な意思決定プロセスがあることだ。米国海兵隊が軍隊の鉄則についてまとめた『アメリカ海兵隊のドクトリン』[*1]には、意思決定のルールがわかりやすく書かれている。

> 「司令官が決定を下して表明するまでは、部下は、たとえ上官の意見と異なっても、専門家として正直な意見を述べることがみずからの義務だと考えるべきである。しかし、ひとたび決定が下ったら、部下はそれを自分自身の決定であるかのように支持しなければならない」

　しかし、決定に対する異論もあるにちがいない。海兵隊はどのように永遠の議論を避けているのか。海兵隊は、ひとたび決定が下ったら、それに従わなければならないとしている。決定に従うことと決定に賛成することは別のことだと認めているのだ。人びとに賛成しろと命じるのは意味のないことだ。異なる意見をもっている場合、誰かが命令したからといって、意見が変わるわけではない。決定に従うということは、決められた行動をとり、賛成しようとしまいと、決定に逆うことに余計なエネルギーを使わないということだ。

　永遠の議論を避けるには、プロジェクトに合った意思決定プロセスが必要である。たとえば、製品デザイン会社の IDEO は、創造力を鈍らせずに

---

* 1 　*Warfighting*, United States Marine Corps（Washington, D.C.: 1997）, p.59.
　　（邦訳は北村淳・北村愛子編著『アメリカ海兵隊のドクトリン』芙蓉書房出版、2009 年に収録）

デザインを取捨選択するには、決められた方法が必要だと気づいていた*2。プロジェクトチームを構成する各グループは、プロジェクトの最初に、問題を調査して何らかのプロトタイプを作成する。そしてグループごとにプロトタイプをチーム全体に提示し、全員に意見や助言を発言する機会を与える。話し合いのあと、プロジェクトチームのメンバーは、ひとり1票ずつ気に入ったデザインのアイデアに投票する。合意に至らない場合は、プロジェクトマネジャーが進むべき方向を決める。IDEOでこの方法が成功したのは、全員がこのプロセスがどういうものか知っており、目に見えるものをつくって、それが意思決定プロセスにどのように寄与するかを理解しているからだ。そのため、決定が下されれば、賛成しようとしまいとメンバー全員が決定に従う。そしてプロジェクトは前へ進む。

　永遠の議論が起きるのは、人びとが、賛成のときだけ決定に従えばいいと考えているためだ。ひとたび決定が下ったらそれに従い、受け入れるという倫理を確立するのは、マネジャーの責務である。

＊2　Tom Kelley, *The Art of Innovation: Lessons in Creativity from IDEO, America's Leading Design Firm* (New York: Doubleday, 2001).
　　（邦訳　トム・ケリー、ジョナサン・リットマン『発想する会社！―世界最高のデザイン・ファームIDEOに学ぶイノベーションの技法』鈴木主税・秀岡尚子訳、早川書房、2002年）

18 子犬と老犬

若者（20代）の多い組織は、
年寄りだらけの組織より活気がある。

　このパターンの冒頭だけ読んで、「若い人材ならうちの会社にもかなりいるぞ」と思った人もいるかもしれない。ところが、かっこの中を見てはたと考える。「いや、ちょっと待った。そんなには若くない」

　組織に一定人数以上の若者がいると、そこはみながよく働き、明るくくつろいだ雰囲気で、いい意味で「楽しい」職場になる。誰もが楽しそうに仕事をする。若い人びとは高揚感をもっている。まだあまりフルタイムで働いた経験がなく、スキルを身につけている最中で、しだいに難しい仕事ができるようになると実感しているところだ。熱意があり、仕事がしたい、何よりいい仕事がしたいと思っている。

　そのため、われわれ老犬もしっかりしなければならず、部屋の隅でうたた寝などしていられない。若い者に遅れをとるまいとがんばるうちに若返っていく。若者は、トップに立つことはめったにないが、組織全体のリズムをつくる。ペースを決める。何よりも重要なのは、学習のペースを決める

ことだ。かれらは若く、さまざまなことを学んでいる。それこそが若者に期待されることだ。

老犬の知識の多くは10年以上前に学んだもので、今やあまり役に立たない。老犬が最高の価値を保つには、子犬のようなペースで学習する必要がある。

これを老いぼれ犬の組織と比較してみよう。老いぼれ犬組織には、ほとんど40代、50代以上の人材しかいない。そうなる理由は3つのいずれかだ。

- **組織が成長していないため、若者を雇う機会がほとんどない。**これは政府機関のような場所に多いパターンで、十年前、あるいは数十年前に大規模システムを開発した人びとが、今もその保守を行っていたりする。勤め上げたあかつきには退職金も医療保障も充実し、それはそれで快適な人生だと考える人もいるだろう。このような組織のマネジャーは、たいてい、ここで働こうという若者を見つけるのは難しいと言う。
- **組織が経験者だけを採用することにしている。**長年にわたってこのような方針が続けられると、子犬はいなくなる。「XMLの経験15年以上、JCLの知識があれば尚可」[*1]。こんな条件に誰があてはまるだろうか。新卒ほやほやの若者でないことはたしかだ。
- **組織が徹底的に冒険を避けている。**組織に、若い人だけが知っているような新しい技術を採用する気がない。あるいは、新しい違った才能を必要とするリスクの高い事業には取り組もうとしない。このような組織の旧態依然たるマネジャーは、老犬が知らないことを知っている子犬にあれこれ言われるのはごめんだと思っている。

組織が老犬（または老いぼれ犬）にならないためには、若者を採用することだ。しかし、それは誰にでもできることではない。ポストに空きがなければいけないし、新人に投資する意思も必要だ。しかし、パートタイムの実

---

*1　JCLは、前時代の犬のためにあえて入れた。

習生を採用するぐらいのことなら検討できるはずだ。夏季インターンシップでもいい。
　いっそ放課後の高校生はどうだろうか。

19 映画評論家

映画評論家とは、プロジェクトにとって自分の価値は
過去や今後の間違いを指摘してやることだと思っていて、
間違いを正すためには何もしないメンバーや傍観者のことである。

　新しいソフトウエアをリリースし、生産に入るまであと数週間である。すでに統合テストはフルスピードで進み、開発者はバグの知らせがくるたび修正している。リリースマネジャーは、出荷前にやるべきことのチェックリストを確認し、見落としがないか調べている。そうして準備状況のレビュー会議で新たな発言が飛び出す。声の主はたいてい最初からプロジェクトに関わっているが、これまでほとんど発言したことのない人物である。仮にハーブと呼ぼう。

　ハーブは現状にあまり満足していない。まもなく出荷される製品には、重要な機能がいくつか足りないと思っている。それに、設計レビューは十分とは言えなかった。さらに、統合テストはもっと厳しく行うべきだった。これらの問題をすべて考えると、今システムを出荷すると深刻なリスクを生じそうだ。ハーブはこれらのリスクを PowerPoint のスライドにきれいに書き出し、世界中に電子メールで送った。

ハーブの指摘事項を検討すると、たしかにそのうちのいくつかはもっともだ。しかし、それよりも「なぜいまさらこんなことを言うんだ？　これらの問題に対処する時間があったとき、いったい何をしていたんだ？」という疑念が起こる。ハーブはこの疑問には答えようとせず、不備だと言う部分を修正する方法についても建設的な提案はせず、ただ現状の対処のしかたに対する懸念を繰り返すだけである。

　ハーブは映画評論家である。

　映画評論家のなかには、プロジェクトに本来の仕事があって、批評は趣味のようなものという人もいれば、この行為を評価しているマネジャーから、業務として映画評論を許されている人もいる。いずれにせよ、映画評論家にはある共通の特徴がある。たとえ自分の関わっているプロジェクトが失敗しても、自分は成功できると信じている。事実上、黙ってプロジェクトチームから分離しているのだ。

　プロジェクトを批判する人がみんな映画評論家だというわけではない。違うのは時期である。プロジェクトの成否に責任を感じている人は、何かが間違っている、あるいはもっとうまくやれるはずだと思ったら、その場で発言することが多い。前に進み出て、状況を変えられそうだと思う人に向かって考えを述べる。なるべく早くそうするのは、時間が足りないことを知っており、修正措置をとるのは一刻も早い方がよいと考えるからだ。このような人びとは映画評論家ではない。一緒に映画を製作する仲間である。プロジェクトが失敗すれば自分の成功もありえないと考えているため、自分たち全員が成功する可能性を高めるべく、日々みずから問題に関わっていく。批評の内容には賛成の場合も反対の場合もあるだろうが、かれらが自分と同じ映画をつくっているのだということはわかる。

　さらにプロジェクトを映画にたとえて言うと、映画評論家があらわれるのは映画が完成してからか、完成間際になってからなので、修正措置をとる時間はない。ほんとうにプロジェクトを失敗させたいと思っているわけではない。むしろ自分自身の成功はプロジェクトの成功とは無関係だと考えているのだ。また、わかりきった事実の鋭い観察者、避けられない未来

の正確な予言者と見られることも重要である。かならずしも自覚があるわけではないが、かれらはもはやプロジェクトの成否など気にせず、自分が正しいと思われればそれでよい。

　映画評論家がやたらとあらわれるプロジェクトと、ほとんどいないプロジェクトがあるのはなぜだろうか。理由はただ1つ。経営者の文化として、ものごとを正しく行うことを重視する場合と、間違いを犯さないことを重視する場合があるからだ。間違いを犯さないこと、少なくとも間違えたと思われないことを何よりも重視する経営者は、他人の間違いを見つけることはものごとを正しく行うことと同じぐらい組織にとって価値があるというシグナルを明に暗に組織に送っている。組織の中で、もともと映画評論家の傾向がある人は、このシグナルに反応して、現在参加しているプロジェクトに対して他人事のように映画評論を行い、どのように受け取られるかようすを見る。許容されたり見返りがあったりすれば、映画評論家は増え、責任感はなくなる。映画評論家になることは、映画製作者になること、つまり、責任あるリーダーやメンバーになることよりはるかに簡単である。組織が映画評論家を評価する姿勢を示せば、映画評論家があらわれる。

　映画評論は、組織のあらゆるレベルに存在する可能性があり、さまざまな形で慣例化している場合もある。最もよくあるケースは、非公式な映画評論家である。このような人物は、すでにプロジェクトで役割をもっているが、たいていあまり重要な役割ではない。多くは補佐的な役割についていて、その立場から複数のプロジェクトを批評できる。特に病んだ経営者文化では、上層部が組織全体に、システム開発チームの番犬として行動することを許す場合がある。

　プロジェクトチームにおいて映画評論家は、目標の分離というさらに大きな有害パターンの一例である。どうして映画評論のようなことが可能なのか。このプロジェクトで成功する方法は1つではないと思っているからだ。もちろん、プロジェクトそのものが成功する可能性はある。しかし、映画評論家（または評論を許したリーダー）は、その目標を無関係とはいわないがまったく別の目標に置き換えてしまう。プロジェクトの何が間違っ

ているかを正確に見きわめるという目標に。欠点を見きわめるのは悪いことではない。もちろんだ。目標の分離が有害なのは、ばらばらな目標をもつ人たちが同じプロジェクトでそれぞれの成功を目指すことになるからだ。結局、誰の努力も実を結ばないし、へたをすると逆効果になりかねない。

20

一人一役

プロジェクトの作業が、
1つの任務につきひとりの責任者と明確に対応している。
どれが自分の任務でどれが仲間の任務か、各自が正確に知っている。

うまく運営されているレストランでは、チームのメンバーの間で明確に分業ができている。ソース係はソースをつくる。パティシエは焼き菓子を担当する。給仕長は挨拶や座席の案内に気を配る。ソムリエはワインに集中する。洗い場係は食器を洗う。作業パターンを観察していると、各自が担当の作業に集中しているようすがわかる。ウェイターが注文をクリップボードに留め、パンの入ったバスケットをテーブルに運ぶ。料理長が注文を確認し、料理の名前をそれぞれのスペシャリストに大声で伝える。魚料理担当はオヒョウを調理する。ソース担当はソースをつくる。野菜担当はクレソンの付け合わせを用意する。盛りつけ担当はそれらを一皿にまとめ

※ 写真 ©Tim Pannell/Corbis/amanaimages

る。料理ができたらウェイターが呼ばれ、料理をテーブルに運ぶ。それぞれがいつ何をするべきかを知っていて、それと同じぐらい大切なことだが、仲間に何を期待するべきかを知っている。店内は活気にあふれ、人びとはせわしなく動き、目的意識が感じられる。プロジェクトにこのパターンが見られる場合、そこでは同じような興奮と達成感のさざめきが感じられるはずだ。

　実際に何が起きているかというと、一人ひとりが責任をもち、その責任がどういうものかを理解していることが、人びとのやりがいになっている。ビジネスアナリストは、自分に何が期待されているかを知っている。テスト担当者は、自分と成果物とのつながりを知っている。ビジネスユーザーは、自分に期待される役割を正確に知っている。開発者は、どこからどこまでが自分の仕事か知っている。プロジェクトマネジャーは、自分がどのように舵を取り仕事を割り振るべきかを知っている。チームの一人ひとりが自分のやるべきことを確信しており、どうなれば自分の仕事は完了するのかを知っている。

　仕事の一部（コンポーネント、任務、目標、アクションアイテムなど）について単独で責任を引き受けるとき、その人が役割を理解して引き受けるのは、作業と期待される結果が明確に対応しているからである。「これは私がやらねば。みんなが私をたよりにしている。私には自分の仕事を果たす責任がある」と考えるのだ。同様に、チームの各人はほかの人の責任も知っていて、「この仕事については、あの人に任せればいい」と考える。

　このパターンをもっている組織は、予見できなかった事態が発生し、それに対処すべき人がいないときでも、どうにかやっていける。メンバーは責任を負うことに慣れているため、誰かが担当すべき作業を引き受けることを恐れない。

　ひとりで責任を引き受けたからといって、同僚やその他の関係者に協力を求めたり、必要な意見を得たりしてはいけないということではない。肝心なのは、任務を受けた人がその部分について引き続き責任を負うことである。その人が「このコンポーネントについては、自分が責任をもつ」と承知

していることである。

　何か肩書を与えたからといって、それがどんな責務をもつ役職なのか誰でもわかるだろうと考えるのは間違いだ。そんなことをしても、誰に何が期待されているか、誰にも正確にはわからない。その結果、人びとは不安や恐怖にかられ、自信を失い、労力を無駄に使い、オロオロとうろたえる。

　プロジェクトによっては、全員がすべてのことに責任を負う場合もある。この考え方は、一見立派に思える。「われわれはチームだ。一丸となってやっていく。何かやるべきことがあれば、それを完成するのは全員の責任だ」。当然のことながら、この方法はめったにうまくいかない。このようなチームがレストランを運営するのを想像してみよう。シェフはスフレをつくりながら予約の心配をしている。ウェイターがスープに塩を足す。給仕長は、22番テーブルの皿はこれで足りるだろうかと考えながら食器を洗っている。全員があらゆることを心配し（あるいはじゃまし）、どれひとつとしてうまくできない。

　「一人一役」の強みは、人びとが自分に何が期待されているかを理解し、自信をもつことである。この点は、実際のプロジェクトでどのようにこのパターンを生かせばよいかというヒントになるはずだ。プロジェクトをコンポーネントに分けるときは、それがどのようなものか、完成したことがどうやって全員にわかるかを客観的に示せるよう、コンポーネントの特徴づけができる必要がある。コンポーネントは、ソフトウエアの特定のモジュールの開発でもいいし、開発者に設計の品質についてフィードバックを提供する役割でもいいし、新製品のユーザー教育の開発でもいい。問題は、それがどのようなものか全員が同じ理解をもてるように、コンポーネントを特徴づけることだ。それができれば、ひとりに1つの責任を割り当てることができ、仕事がやりやすくなり、自信がつくことによる恩恵を全員が享受できる。

閑話

プロジェクトことば

無害と思える言葉に、
不穏な意味が隠されている。

使われる言葉	本当の意味
このスケジュールは果敢です。	おれたちはもうおしまいだ。
もうすぐ遅れは取り戻せます。	やっぱりもうおしまいだ。
彼が中心になって進めています。	あいつはおしまいだ。
エグゼクティブサマリー	漫画バージョン
ハイレベルな	なんちゃって
急速な人員増強	いらない！
特別プロジェクトのマネージャー	つまり自分の机を管理する人
本社から来ました、手を貸しましょう	（翻訳の必要なし）

※ 写真 "Subtitles" by Alexei Garev

閑話　プロジェクトことば

開発は続いています。	どうしたらいいのやら。
時がたてばわかるでしょう。	まったく途方にくれている。
いい勉強になった。	まるっきり失敗だ。
とはいえ	さっき言ったことはみんなでたらめだ。
コードの完成	テストはまだ
あなたに任せます。	この件は責任をとってもらおう。
簡単な仕事	〔人の名前〕でも失敗するはずがない。
この件は忘れて先へ進みましょう。	(政治家がこう言うときと同じ意味)
私がアドバイスしましょう。	私の方が立場が上だ。
コードが保守できなくなりました。	違う設計にするんだった。
まだ高度3万フィートの段階だ。	机の上に積みっぱなしで触れてもいない。
ブラッドリーはワイルドカードだ。	ブラッドリーはプロジェクトのお荷物だ。
同じ土俵で話をしよう。	おれのやり方に従え。
ベストプラクティス	ここで働いていない人が考え出したものだから、われわれがやることよりはるかにすばらしい。
コアコンピタンスを活用しよう。	難しいことには手を出すな。
オフラインにしておこう。	消えて失せろ。
それは新しいやり方ですね。	ばかなやつだ。
テストが重大なボトルネックになっていることがわかりました。	いつまでもバグばかり見つけやがって。
限定リリース	無機能リリース
何が必要か確認させてください。	新しい要求がきたぞ。
選択肢について検討しています。	選択肢といっても1つだけだが。

21

ソビエト式

完成した製品は、顧客が要求した機能は備えているが、
嫌われてすぐに捨てられる。

　Web サイトを使って旅行の予約をする人が増えている。旅行サイトを使うときは、出発地と目的地、日付、参加人数などを入力し、検索結果からフライトを選ぶ。ビジネスクラスならどうだろうと再検索しようとすると、サイトによっては、さっき入力したデータを全部入れ直さなくてはならない。辛抱強い人なら快適なフライトを見つけられるかもしれないが、おそらくはいらいらをつのらせ、あきらめて別のサイトを使うことになるだろう。このように使い勝手の悪い会社は、たいていすぐにつぶれてしまう。ところが、その後もほかの会社は同じ過ちを続ける。
　多少なりとも意図された機能は果たすが、そのやり方がまずい、いらだたしいというソビエト式の製品を、誰でも使ったことがあるだろう。使い勝手が悪い、見た目や雰囲気に魅力がない、必要な安全性に欠けている、

※ 写真　©2007, Milan Ilnyckyj, sindark.com

文化的基準にとまどったり不快に感じたりする点があるなど。製品の機能面以外の要求、つまり利用する人に魅力を感じさせるという要求を満たしていない。製品が最終的に受け入れられるためには、このような要求が機能的要求と同じぐらい重要なのだ。

iPodについて考えてみよう。iPodはソビエト式の対極にある。本書を書いている時点で、iPodは世界で最も人気のある携帯音楽プレーヤーであり、約80%のシェアを占めている。なぜそれほど人気があるのだろうか。市場で最初のMP3プレーヤーというわけではないし、一番安いわけでもない。機能もほかのMP3プレーヤーと変わらない。iPodの成功は、機能面以外の品質によるところが大きい。魅力的なパッケージ、使いやすさ、容量、バッテリー寿命、小ささ。はっきり言うと、圧倒的にクールだということだ。これらは、プロジェクトチームが見落としがちな機能面以外の要求である。

機能面以外の要求がないがしろにされる一因は、歴史的な背景にある。システム分析の手法では、長年、機能的要求に重点を置き、製品の機能とデータをとらえる表記法であらわしてきた。この手法は、サービスの質に関する要求には、誰かほかの人が対応することを前提としていた。そして、機能面以外の要求を具体的にアナリストがどうとらえるかについては、かなりあいまいだった。アナリストは、ユースケースを指定し、エンティティモデルやアクティビティ図を描く方法は完璧に知っているが、それらは文化的な適合性やルックアンドフィールといった機能面以外の要求に対応するには、まったく役に立たない。

> 35歳ぐらいのとき、トム・デマルコから初めて左利き用のはさみをもらった。あれは新たな発見だった。ほんとうに左手ではさみを使うことができて、どこを切っているかが見えたのだ。
> ―― TRL

システムの機能面以外の要求を引き出すことは難しくはない。サービスの質に関する重要なカテゴリーをすべてチェックするためのテンプレートも

用意されている。優れたチームは、機能面以外の要求をシステマティックに引き出すことを重要なプロセスの一環と位置づけ、これらの分野でユーザビリティモデルを構築し、スペシャリストを採用している。

ソビエト式の製品をつくってしまった場合、顧客の声によってわかるはずだ。また、やり直しや修正が異常に多いことも目安となる。逆に、フィードバックが少ない場合もある。たとえば、バグ修正や機能強化の依頼が予想より少ない場合などだ。このような場合、顧客が製品をまったく使っていない可能性がある。いずれにしても、もはや遅すぎる。開発資金は使ってしまった。

どうすればソビエト式の製品をつくらずにすむだろうか。それには、プロジェクト計画に、明確に機能面以外の要求を対象とする作業を組み込むことだ。こう言うと簡単なようだが、ソビエト式のシステムのほとんどは、機能面以外の品質があっさり無視されたためにソビエト式になったことを考えてみるといい。継続的な努力のほかにも、プロジェクトの初期にプロトタイピングを行い、ユーザーに好まれる機能面以外の品質について有意義なフィードバックを集めることである。

22 自然な権威

能力あるところに権威あり。

アレンジと楽器　作詩と作曲　リズム　作曲と作詞

　権威とは自然と、能力のある人に備わるものである。複数の役割をもつチーム（今時そうでないチームがあるだろうか？）では、メンバー一人ひとりが別々の専門分野でさまざまな能力をもっている。意思決定を行う権限は、その能力のある人がもつべきものである。

　知識労働は、製造業とは大きく異なる。製造業の現場では、労働者は共通の、たいてい簡単な言葉であらわされる目標（「今後8時間で最大量のポン菓子を生産する」など）を共有し、その作業を終えるために必要なスキルも共有する。上司は通常、このスキルの達人であり、生産ラインとその役割を最もよく理解している人物である。意思決定が必要な場合、それを行うのは上司ひとりである。

　一方、知識労働の場合、スキルは多岐にわたり、問題のさまざまな側面に対する理解の程度も多様である。個々の決定はチームの誰かの専門分野（自然な領域）にあたるため、その人が決定を下すべきである。決定に外部の人が関わる場合、少なくともその自然な領域のメンバーが最終的な決定

に関与する必要がある。

　一般的な英語では、「権威（authority）」という単語にはいくつかの意味がある。ひとつには、特定のテーマについて膨大な知識をもっている人を「権威（authority）」とみなす。また、何らかの活動の責任者を「権力者（person in authority）」という。権威であっても権力はないということは十分にありうる。同様に、権力はあっても権威ではないという場合もある。健全なパターンは、権力者であるかどうかにかかわらず、権威のある人が決定を下すことだ（しかし、決定が実行されるのを監督するのは、意思決定者ではなく権力者である場合がある。というより、そのような場合が多い）。

　このパターンの逆は簡単だ。知識や熟達度ではなく、階層構造に従って意思決定が行われることである。指揮系統の上位にいる人が、時にはその分野をよく理解している人に相談することもなく、ほとんどの決定を下す。たとえば、国家の政治指導者が戦争の戦術について重要な決定を下す場合がそれである。また、技術的な決定は組織の中でコストに応じて割り振られ、特にコストの大きい決定は、能力の集まっている場所からほど遠い上層部で行われるという場合もそれである。

　自然な権威の流れを侵すというと、職権濫用であるとか、すべてマネジャーのせいであるかのように聞こえる。しかし、場合によっては対象分野の専門家にも責任がある。このような油断のならないケースでは、マネジャー（特にあまり好感をもたれていない人物）は自滅するまでやりたい放題である。貴重で必要な知識をもっている人は、上層部が誤った決定を下すのを憮然として眺めているだけで、特に求められないかぎり意見も述べない。沈黙は同意とみなされるため、これは責任の放棄である。黙っている専門家は、知識のないマネジャーと同じく、誤った決定について責任がある。しかし、病の根が深くてすっかり定着している場合、誰もそんなことを気にしない。

23

静かすぎるオフィス

オフィスが静かすぎるのは、
チームが魔力を失ったしるしである。

ソフトウエア開発チームのことは、廊下を歩くだけでもよくわかる。エネルギーがあふれ出ている職場がある。チームのメンバーが目的をもって楽しそうに動き回っている。その対極にあるのが、忘れられたソフトウエアチームのための倉庫のような職場である。エネルギーがまったく感じられない。人びとは家に帰れる時間を待ち、次の給料日を待ちながら、何かおもしろいことはないか、あるいは早く退職する日がこないかと考えている。

24

白線

プロジェクトは、スコープの定義をはっきりさせるために、
テニスコートの白線のようなものを使う。

　テニスの試合を観戦していると、コートの縁を示すくっきりとした白線が見える。ラインの上か内側でバウンドしたボールはイン、それ以外はすべてアウトである。ほとんどの球技には白線があり、プレーが競技エリアの中で行われたか外で行われたかを判断する審判がいる。たまに自分に不利なラインコールに驚きの表情をみせるほかは、プレーヤーは白線を尊重する。審判の宣告は明瞭で、ボールが白線をまたいだか否かである。
　しかし、多くのプロジェクトには白線がない。機能リストか目標宣言にそって、何がシステムに含まれて何が含まれないかを区別しようとする。しかし、いずれもあいまいすぎて、白線として使い物にならない。

機能リストの機能はどこかで実現する必要があるが、かならずしも対象システムの中でそうする必要はない。役割の一部または全部を連携するシステムに任せてもかまわない。つまり、この機能が組み込まれると宣言してもほんとうにスコープを定義することにはならず、また画面スケッチを見ても、どのシステムが画面に表示されるデータを生成するのかはわからない。

　さらに、目標は、システム内部で実行されるアクションと、そのすぐ外で実行されるアクションの組み合わせによって達成される（たとえば、新システムの目標が受取勘定の処理を高速化することだとしても、その目標は、最初に受取勘定データをシステムに入力する担当者のすばやさに依存する）。プロジェクトの目標を宣言するのは価値のあることだが、そのような宣言では、新システムの境界の中で起きることと外で起きることは明確にならない。

　それでは、何をすればスコープを正確に定義できるのだろうか。まず、これから調べようとするものの性質をよく考えることだ。システムやビジネスエリアは、データを変化させるプロセスで構成されている。これは普遍的なことで、どのような種類のシステムにもあてはまる。これらのプロセスは、属性セットを別の属性セットに変換し、データの状態を変えてから、それを次のプロセスへ渡す。このようなプロセスとデータの集合を次ページの図 24.1 に示す。

　データは、プロセスからプロセスへ渡されるときには一意である。ほかのどの時点でも、別のデータフローで同じ属性が同じ状態になることはない。システムのすぐ外には別のプロセスがある。重要なのは、システムと外部のインタフェースは、プロセス間を移動するデータフローの1つにすぎない点だ。その他すべてのフローと同じく、一意なのだ。

　境界をまたぐ一意のデータコレクションを宣言し、できればモデル化することによって、「このデータを生成する機能は境界のこちら側にあり、そのデータを使う機能はあちら側にある」と宣言することになる。言い換えると、変更を加えるべきシステムやビジネスエリアと、そのすぐ外の世界の間のインタフェースをすべて宣言することが、プロジェクトのスコープを定

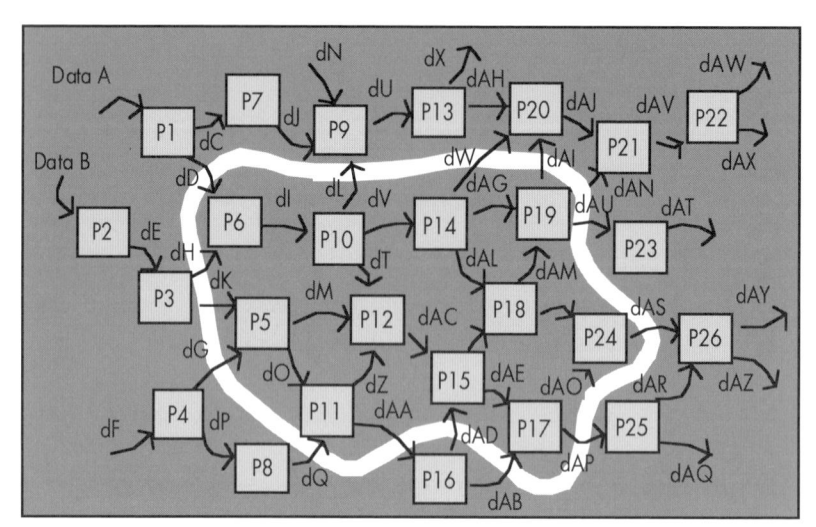

●図24.1 システムの内外のプロセスは、データを変換してからそれを次のプロセスへ渡す。それぞれのデータフローに一意の名前をつけ、一意の属性セットをあらわすようにする。白線は、これらのデータフローを分断することによって、システムに組み込まれた機能と、外の世界によって実行される機能をはっきり分ける。

義することになる。そうすれば、スコープにあいまいな点はなくなる。インタフェースを通して白線を引いたことになるのだ。

25

沈黙は同意とみなされる

相手には、あきらめの沈黙と同意の区別がつかない。

　どのようなプロジェクトにも、プロジェクトをまとめる「約束のシステム」がある。開発者は決められたスケジュールと品質レベルにそって開発することを約束し、組織は給与と手当を支払い、作業を完遂するために必要な手段(インフラ、サポート、ハードウェア、アクセス手段など)を提供することを約束する。

　これらの約束のなかには、明示されるものもあるが、暗に示されるだけのあいまいなものもある。たとえば、会社はほんとうに、納期に間に合わせるためにぜひとも意見を聞く必要のある忙しい人たち全員に連絡をとりつけてくれると約束しただろうか。それとも、そのようにほのめかしただけか。

　約束がなされたか、また、それは正確にどのような約束だったかについて、約束した側と受け手側の解釈が異なっていると、約束のシステムは崩れる。組織に不満が生じるときは、あいまいな約束が違って理解されていたという場合が多い。あいまいな約束は光の幻惑のようなもので、どこから見るかによって違った形をとる。マネジャーからはこんな文句が聞こえてくる

かもしれない。「あいつはこれを年明けまでに出すと約束したのに期日に遅れて、別の日を約束したのに遅れて、3度目の期日を約束したのにまた遅れそうだ」。開発者から見れば、同じやりとりもまったく違っているかもしれない。「期日を約束したことなんかない。そんな期日は絶対に承知していない」

　約束の誤解が起きるときによくあるパターンはこうだ。ひとりが何かが必要だと話し、もうひとりがなるほどとうなずく。話した側はこれを約束と受けとめる。「あいつには12月31日までにこれが欲しい、どうしても必要だと話した」。聞いた側はこれを絵空事だと思っている。「年内にできればいいと思っているんだろうが、そんなことは起こりっこない」。ほとんどの場合、必要だと口にする人の方に権力があり、古い法格言をもとに期待をする。「沈黙は同意とみなされる」。このような人物にはノーと言わないと、イエスと言ったことになる。

　「沈黙は同意」による約束は、誰にとってもいいことはない。両者は当然仕事に対して違った優先順位をつけ、悲惨な結果を迎えることになる。理屈で考えれば、そう難しい問題ではないように思える。ノーと言うことを学ぶべきなのだ。しかし、現実の世界は理屈どおりにはいかない。現実にはいろいろとやっかいな事情がある。そのやっかいな事情のなかでも特に多いのは、プロジェクトがすでに無茶な約束をしていて、次々に新しいニーズが出現し、あいまいな約束がねずみ算的に増えていくことだ。このような場合、無茶な約束をさせられている開発者のところへマネジャーがやってきて、12月31日までに追加の何かが必要だと告げたら、開発者が肩をすくめたからといって、誰が非難できるだろうか。

　あいまいな約束をもっとあつかいやすくする方法は、少数の重要な約束を公言することだ。それらは文書化され、関係者全員に配られる。約束をした人と受け手は、その約束をほかの誰かに公開する前に、文言について同意しなければならない。この方法が有効であるためには、明示する約束の数を少数にとどめ、ほんとうに重要なものだけにする必要がある。

　約束に帳面などいらない、短い約束リストがあればいい。そこには、誰

がいつまでにどのような結果を約束したかを書く。この場合、約束した人は、ほかにやりたいと思っていることより、公開した約束を優先しなければならない。沈黙のルールによる同意は、次のように訂正される。「同意しなければ同意とみなされない」

26

かかし

チームのメンバーは、フィードバックと感想を早く引き出すために、平然とかかしソリューションを提供する。

かかしは抽象化モデルではない。ソリューションである。不完全な、あるいは間違ったソリューションかもしれないが、クライアントの批判を引き出すために意図的に提供するのだ。その目的を知るには、システムに関する世界最古のジョークを思い出すといい。

> クライアントは、実物を見るまで、そして「これは違う」と思うまで、自分が何を欲しいのかわからない。

ほんとうにおもしろいジョークには多少なりとも真実があるものだが、これも例外ではない。クライアントは、何が手に入るのかわからないため、何が欲しいのかわからないのだ。優秀なアナリストは、ソリューションへの道筋を分析しようとはしない。何かヒントになるようなことを分析し、ソリューションまたはその一部について最小限の約束をし、さっとそれを

提示して反応を見る。

　かかしモデルは、スティーブ・マクメナミンの言葉を借りれば、一種の「要求のエサ」である。クライアントの好き嫌いを引き出すきっかけとなるアイデアを見せるのだ。このモデルは低コストですばやくつくる。なぜなら、間違っているからだ。クライアントはソリューションのモックアップ、プロトタイプ、ストーリーボードをレビューする。たとえば、「選択エリア内の売り家」といった画面のサンプルなど。それは、将来ほんとうに世に出るもののシミュレーションである。それと引き換えに、クライアントが本当の要求へと導いてくれる。

　優秀なアナリストは、「何をお望みですか」とは聞かない。これが不快な質問になりやすいことを理解しているからだ。人びとは、白紙から答えをつくることをいやがるが、すでにあるものは平気で批評する。試しにこんな例を考えてみよう。どちらの仕事を引き受ける方が楽しいだろうか。

1. データセンター新設のメリットとデメリットに関する報告書を経営陣向けに書く仕事。
2. データセンター新設のメリットとデメリットに関する報告書を経営陣に送る前にレビューする仕事。

　ほとんどの人は、2番の方がずっと楽だと考える。人間は生まれつき改良することを得意とする。生まれつき一からつくることが楽だという人はほとんどいない。

　　　新しいプロジェクトの立ち上げの際、ある会議で、経営者が「質問には答えない」と言った。その時は変な気がしたが、状況からみて、ほんとうはこういう意味だった。「これまで検討する機会のなかった新しい質問を急に持ちだすな。私を困らせるな」。まさにそのとおり。この経営者は、かかしを指さして、イエスかノーかを決める方がいいのだ。

———— TRL

最高のかかしモデルには、意図的な間違いまで組み込まれていることがある。アナリストは、クライアントの注意をうながし、モデルに対して自由に批判をしてもかまわないことを示すために、モデルに傷をつける。「道化を演じる」ことを高度な手段として受け入れられる忍耐強いアナリストなら、この方法によって速くソリューションに近づける。非常に高度なかかし技のひとつである。

　かかしモデリングは、反復(イテレーション)によってソリューションに近づこうとする場合にも便利である。かかしによる要求分析に加え、かかしによるソフトウェアデザインを考えてみよう。最初に思いついたデザインをデザインチームに提案した場合、考えられる結果は3通りである。このうちのどれでも結果オーライだ。

- レビューの結果、このデザインの背景にある戦略は完全に却下され、別のデザイン戦略にもとづき代わりのかかしデザインが提案される。
- デザイン検討中にデザイナーが少しずつデザインを改良し、最終的に好ましいデザインで合意する。
- 奇跡が起こり、かかしデザインが採用される(このような例は見たことがないが、いつかどこかで起こらないともかぎらない。ただし、奇跡をあてにしてはいけない)。

　かかしの哲学は、早いうちに間違え、何度も間違えることが、できるだけ早く正解にたどり着く方法だということだ。われわれが直面する問題や導き出すソリューションは複雑すぎて、ひとりの頭でどうにかすることはできない。そこで覚悟を決めて「たとえば、こんなのはどうだろう？」とたずねる。それが完全に間違っているとわかっていたとしても。

　すでに自分はかかし戦略を使っていると思う人も多いかもしれないが、そのモックアップを指さされ、笑われたことはあるだろうか。そこまでしてこそかかしである。

27
いつわりの緊急任務

コストをおさえるためだけに、きつい締め切りが課される。

リスクを回避するのはよくない。新しい世紀が教えてくれたことがあるとすれば、魅力的な機会はリスクの海の中にしかないということだ。この前提は今日では広く受け入れられていて、多くの組織がリスク回避を回避するようになった。しかし、どういうわけかそれで何もかもよくなったわけではない。

組織に本当のリスクをとる気がなければ、それはまだ口先だけなのだ。それもたいていは、実は無意味な仕事を、リスクが高いと主張して推し進めたりする。われわれはこのような失敗を何度も見てきた。不可能なスケジュール目標に資財を投じるデスマーチプロジェクトを。表面だけ見れば、デスマーチは、「やればできる」型のリーダーが果敢にリスクをとろうと手を出したとんでもないプロジェクトである。しかし、その裏にはまったく別の事情があることが少なくない。慎重に見積もったスケジュールでプロジェクトを完成させると、コストがかかりすぎるのだ。理性ある参加者がみな2年かかると言ったプロジェクトを、とんでもない経営者が1年のス

ケジュールで始めてしまう。当然、そのプロジェクトは「きわめて緊急」ということになり、「ユニークなマネジメントの機会」と銘打たれる。

　いつわりの緊急任務を見分けるには、そのプロジェクトによってどのような利益がもたらされるかを注意深く調べる必要がある。ほんとうに確かな利益があるとしたら、1年というスケジュールはたしかに果敢にリスクをとるものだが、おそらく果敢すぎる。たいして重要な利益が得られないとしたら、きちんとした仕事ができるように時間配分を考えたらどうなのだ。

　それよりはるかに多いのは、利益がほとんどなく、だからこそプロジェクトに予算をあてないというケースだ。一見果敢なスケジュールは、実は予算をおさえる手段にすぎない。

　いつわりの緊急任務は、いつわりのリスクを生みだす。プロジェクトは不幸な結果に終わるが、ほんとうに不幸なのはそのことではない。最悪の不幸は、組織が、リスクをとるに値する利益あるプロジェクトを進めるという本物のビジネスを手がけられないことだ。

28

[時間] に切り札を奪われる

[時間] はひどいプロジェクトマネジャーである。

　プロジェクトに最も影響を与えるのは、マネジャーがごく早い時期に下した決定である。たとえば、人員配置は、プロジェクトの最初とは言わないが、通常かなり早い段階で決定する必要がある。10カ月のプロジェクトの残り8カ月の時点で開発者とテスト担当者を1人ずつ増やした場合、期日までにすべての機能を完成させられる可能性は高まる。一方、その開発者とテスト担当者を残り2カ月の時点で加えても、成功の可能性はまったく高まらないだろう。むしろ若干低くなるかもしれない。残り8カ月から2カ月までのどこかで、[時間] は人を増やすことの価値を奪うのだ。

　[時間] は、次のリリースの内容についても、先々のことを無視した決定を下す場合がある。次のような状況はおなじみだろう。システムの次のリリースについて、すでに11月末には全機能がそろうと顧客に発表してしまった。チームには、その日までにすべてを開発、テスト、統合してリリースできるという自信はあまりない。マネジャーも確信がもてないため、チームの懸念を周囲に知らせた。すると、こんな言葉が返ってきた。「おい、ま

だ5月だ。必死でがんばってみろ。言うことはそれだけだ」

　月日がたち、見通しはますます暗くなるが、リリース計画はいっさい変更されない。10月半ば、会社のお偉方が「11月に全部は完成しません」と発表する。チームはこの「ニュース」に嘲笑的な拍手を送る。お偉方はこう続ける。「あわてることはありません。ここにいる人たちはみんなおとなです。明朝一番にドナー・パーティー会議室に集まって、約束した11月の期日までに何かを完成させて面目を保つにはどうしたらいいか考えましょう」

　翌朝、お偉方は会議の冒頭、ホワイトボードに「11月30日―コアリリース」と書いた。そして参加者の方を向き、「コアには何を入れるべきですか」とたずねる。

　こうなると、参加者は笑いをこらえるのに懸命だ。なぜなら、この部屋では大のおとながそろいもそろって、［時間］がプロジェクトからあらゆる自由を奪っていったというのに、状況を掌握できているふりをしているのだ。

　「コアには何を入れるべきですか」という問いに対する答えは簡単だ。「今できているものです。もう10月ですから！」とにかく、この時点では「完成＝コア」という等式が成り立つ。すでに完成しているものがコアであって、リリースにとって重要なのだ。証明してもいい。

　次の会話は、リリース日死守のための会議では絶対に聞かれないものだ。

　　マネジャー：コアリリースには何を入れるべきだ？
　　開発者　　：そうですね、マチルダがランダム化ルーチンをベースに背景色を変える小洒落たコンポーネントを完成させています。コーディング済みで、テストも終わってます。あれなら入れられます。
　　マネジャー：違う、それはコアじゃない。

　完成しているという事実だけで、リリースに組み込むことになる。これはもう笑うしかない、さもなくば泣くかだ。［時間］はこのプロジェクトを

がんじがらめにしてしまった。11月に全機能がそろわないことを誰もが知るまでの間、［時間］はプロジェクトを2つの意味で悪い方向へ進めてきた。

　まず、プロジェクトはできたはずの機能も完成させられなくなった。マネジャーとチームが5月の時点で11月に全機能という計画を捨てることにしていたら、機能セットに優先順位をつけ、機能を構築して完成させ、時間が許すかぎり優先順位リストを上から順に片づけていけたはずだ。100パーセント完成した機能はもっと多く、逆に始めてもいない機能がいくつかある。一方、［時間］の戦略は、できるだけ多くの機能を完成に近づけることだ。しかし、「完成に近い≠完成」である。なんと無駄なことか。

　次に、［時間］はできそこないのコアをつくらせた。11月のリリースには、最も重要な機能は入らずに、マチルダのあきらかに重要ではないコードや、同様のこまごましたものが組み込まれる。

　優秀なプロジェクトマネジャーは、［時間］に負けないためにはいつ切り札を切るべきかを知っている。

29

ルイス&クラーク

> プロジェクトチームは、問題領域を探索し、
> その可能性を調査するために初期投資を行う。

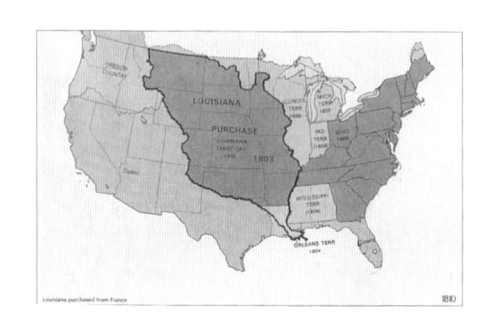

　1803年、アメリカは五大湖と大西洋岸の間にあるわずかな州だけで成っていた。トーマス・ジェファソン大統領は、フランスから領土を買収し、国土を拡大した。いわゆるルイジアナ買収である。この買収地は、単に「ミシシッピ川流域」として知られていた。誰も、ジェファソンでさえ、その意味をよく知らなかった。当時、そこは未知の土地で、先住民族とわずかなフランス人猟師が住むだけだった。ジェファソンは、自分がアメリカのために買ったのがどのような土地なのかを知るために、メリウェザー・ルイスとウィリアム・クラークに、新しい領土を探検し交易と入植の可能性を評価するための探検隊を率いるよう任命した。33人の隊員で構成される「発見隊」は、1804年5月にイリノイを出発した。探検隊は、1806年9月に帰還したとき、旅の途上で作成した地図と、探検した領土に関する情報を持ち帰った。これらの発見はルイスとクラークの日記に詳しく記録されていたため、何種類もの本が書かれて今でも書店で売られている[*1]。ジェファ

ソンは、領地の利用法を決めるために必要なデータを手に入れ、これがアメリカの西方拡大の基礎となった。

プロジェクトのなかには、ルイス＆クラーク探検隊に少し似たものがある。何が可能か、この領域でプロジェクトを展開することがほんとうに可能なのかを判断するために、問題領域の調査に予算をあてる。

このような調査は、1804年の歴史的探検と同じく、純粋な発見の旅である。ジェファソンがルイスとクラークに何を見つけるべきかを指示できなかったのと同様に、何を発見すべきかを命じることはできない。そして、発見の旅で何か有益なものが見つかるかどうかは、単なる運の問題ではない。探検家の腕が結果に影響する。ルイス＆クラークと同じで、旅で何かいいものを見つけたとき、それに大いに役に立つ可能性があることに気づくかもしれない（西方拡大によって移住させられた先住民族の子孫から見れば、この最後の文に対する見方はやや違うかもしれないが）。

プロジェクトチームの探検隊は、抽象的な意味で仕事を調査する。誰が何をするか、どの機材やどの人材を使うかといったことは関係ない。状況を検分して、そこからどんなアイデアが出てくるか、どんな機会に出会えそうか、その仕事は将来どんなふうになりそうかを考える。実現された場合に、組織に最大限の利益をもたらす可能性のある機会とアイデアを探しているのだ。

> 私のあるクライアントは、100以上の関係先からプロジェクトの依頼を受けていた。それらの依頼は、形式や詳細レベルは1件ごとに違っていたが、依頼主が何をしたいのかを明瞭に示すものは1つもなかった。問題は、これらのプロジェクト提案にはすべて未知の領域が含まれており、ある程度調査しなければ適切な行動を決められないことだった。ところが、依頼主は確実なコストと納期の見積もりを出せと迫る。

＊1　ルイスとクラークの探検物語については、Stephen Ambrose, *Undaunted Courage* (New York: Simon and Schuster, 1996) を参照。

クライアントは、問題に対処するため、プロジェクト依頼1件ごとに簡単な調査を行うことにした。依頼を分析し、そのなかに必要な答えが含まれているか、それとも明確な数字を出すためにはさらに詳しい調査が必要かを判断するための調査用質問チェックリストを使った。調査の結果、コストと利益を考えるとプロジェクトを進める意味がないとわかる場合もあった。

　このクライアントは、その後やり方を変え、チェックリストの質問に答える簡単な調査だけで、依頼のあったプロジェクトをプロジェクトリストに載せるかどうかを決めるようになった。

——SQR

　ルイス＆クラーク的プロジェクトは、プロジェクトの可能性を判断するため、意図的に最前線のビジネス領域調査に人材を割り当てる。当然のことながら、調査の結果、状況を改善できるような有益なものは何もないという結論に達することもある。このような発見はボーナスだと思えばよい。不要なプロジェクトに貴重な人材を注ぎ込むのを防ぐことができたのだから。また、調査の結果、たしかにつかむべき機会があることがわかって、プロジェクトを開始する場合もある。このような機会に出会えば、たまに無駄に終わる探検の分も十分にカバーできるだけの利益が得られる。

30

ちびた鉛筆

コスト削減の波が続くと、
組織にはプロジェクトを完了する能力もなくなってくる。

　　たしかにコストの抑制は重要である。必要不可欠と言ってもいい。組織の間接費を競争相手と同程度におさえることは重要である。とはいえ、チームのメンバーがこんなふうに話すのを耳にするようになったら、何か大きな間違いがある。

　　　　ちびた鉛筆を返さないと長い鉛筆をくれないような会社では、働きたくない。

　いくら熱心なコスト削減派でも、ここまでやるのは行き過ぎだと認めるだろう。コスト削減が行き過ぎると、組織の競争力が落ち、結局はコストがかさみ始めることは歴然としている。歴然としているのに、行き過ぎたコスト削減によって損をする例がどれほど多いか考えてみよう。

- 誰かをクビにして、その人の仕事を残った仲間で分けると、結局はその仲間も辞めていき、その仕事をするために、学習曲線の底辺にあってコストのかかる新人を採用せざるをえなくなる。

- 負担が大きくなると、人は燃え尽き始め、病欠が増え、仕事にミスが多くなり、不満をつのらせるようになりやすい。
- 以前は低賃金の労働者（効率化のために削減された）がしていた事務作業を、高賃金の専門職労働者が行う時間が多くなる。
- 一般の労働者は、今まで自分たちの面倒をみてきたマネジャーがいなくなり、方向性を失う。
- 仲間を解雇された人びとは不満をもち、同僚を解雇した組織を見捨てることがある（しかも、組織の事情に配慮して辞める時期を考えたりはしない）。
- 忠誠心、エネルギー、革新性、士気、熱意は減退し、欠勤、スケジュール遅れ、手抜き仕事は増える。

この恐怖のカタログを眺めながら、この一つひとつに絶大なコスト節減がともなうことを考えてほしい。これらの行き過ぎの兆候がいくつも見え始めた企業は、おそらくそれらに先立つコスト節減の直接の効果として、すばらしい四半期業績をあげるだろう。まだ収益には大きな影響は出ておらず、売上高から差し引かれるコストは減っているため、利益は好調なように思える。しかし、これはタコが自分の足を食うようなものだ。

1つぐらいコスト削減プログラムを実施するのは賢明なことだろう。しかし、会社が第二、第三のコスト削減の波に入ったら、もっとコストを削減できるようにする方法を考えるのはやめて、自分自身のしあわせを考え始めるべきだ。長期的な影響があらわれて収益が減少してくると、さらにコストを削減して利益を守ろうという声がわき起こる。会社の運命が傾きだしても自分の職にしがみつくことはできるかもしれないが、それはあまり楽しいことではないはずだ。

「コスト削減と病的人員削減を区別する必要がある」

——ケン・オール

31

リズム

チームは、一定の間隔をおくことによって、
仕事のリズムをつくる。

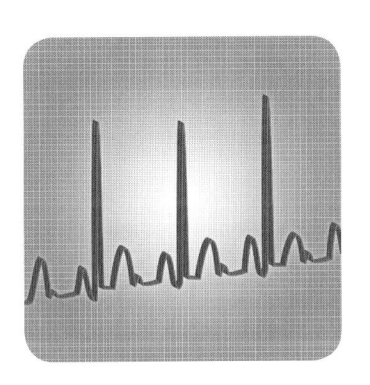

シャモニーからツェルマットへのハイキングの3日目、とても登れそうにない雪におおわれた急峻な斜面が果てしなく続くのを見上げた。ガイドはひるむことなく、こう助言した。「一歩ごとに頂上に近づいていきます。頂上を見てはいけません。それより、規則正しく歩を進めることに集中するんです。着実なリズムをつくって、それを保っていけば、そのうち頂上に着きます」

—— SQR

リズムのあるプロジェクトは、巨大で複雑な仕事にひるむことなく、小さく規則的なステップを踏んでいくうちに、一定のテンポをきざんで目標へたどり着くことができる。そのことを理解しているチームは、次のように作業を進める。まず、山の頂上を見上げ、プロジェクトの目標を設定する。

次に、見通しの立つ期間内、通常は1カ月程度で完了しそうな計画をチームで立てる。その月の間、メンバーは毎日集まり、進捗状況、アイデア、質問などを交わし、翌日の計画を立てる。プロジェクトの目標、毎月の目標となる成果物、毎日のフィードバック会議が作業のリズムをつくる。

　人びとがそれをリズムとして認識できれば、サイクルの長さは重要ではない。つまり、1日でもいいし（たとえば毎日のビルドなど）、1週間でも1カ月でもかまわない（スクラム手法など）。ただ、6カ月以上の期間になると、切迫感の時間枠を超えてしまい（パターン7「マニャーナ」を参照）、リズムがとれなくなる。認識できる間隔であることが大事だ。

　リズムのあるプロジェクトは、リズムのないプロジェクトよりも、役立つ製品を短期間で数多く完成させられる。リズムがあれば、人びとは一定の頻度で役に立つものを完成させることに慣れる。目の前の成果物の1つが完璧とは言えなくても、プロジェクトのリズム自体にチームのエネルギーと熱意を保つ効果がある。期待されているのは完璧ではない、完成である。何かを完成させないことなど考えられない。

　この方法がうまくいくのは、個人個人がチームのほかのメンバーとの約束を果たしているからだ。リズムに合わせて働くことは、自己強化型の活動である。メンバーが生産活動を行うのは、リズムに合わせなければという意識がはたらくからだが、それと同時に、しだいにリズムに合わせた方がペースを維持しやすくなってくる。リズムを保てという仲間のプレッシャーが、健全な駆動力になる。

　マネジャーは、リズムを強制したり、生産性を高めるためにテンポを上げたいという誘惑に打ち勝たなければならない。チームは、定期的に成果物を出す原動力となるよう自分たちのリズムをつくりあげる。一定の拍子に合わせれば、難しい作業やルーティンワークも進めやすい。山登りを想像し、規則正しいステップでリズムをつくることを考えてみよう。

32

残業に見る予兆

マネジャーは、早い時期から残業することを、
プロジェクトの輝かしい健全性のあかしだと考えている。

われわれの仲間のジェリー・ワインバーグから聞いた話だ。ジェリーは、初めてプロジェクトマネジャーとなったクライアントをコーチングしたとき、次のような話を引き出した。

ワインバーグ：統合チームのリーダーのレスターについて話してくれないか。彼についてどう思う？
マネジャー　：レスターは、予定の期日に間に合うという自信をもっているにちがいないと思います。
ワインバーグ：ほんとうにそう思うのかね？
マネジャー　：ええ、私が見たところ、一生懸命働いて、ずいぶん残業もしていますから。ですから、期日に確信をもっているのだと思います。そうでなければ、わざわざ残業なんてしない

95

でしょう。
ワインバーグ：彼がもしスケジュールに確信がないとしたら、特別に一生懸命仕事をする理由は何か考えられるかね。
マネジャー　：はぁ？
ワインバーグ：プロジェクトが締め切りに間に合わないと思っているとしたら、たくさん残業をして、どんないいことがあるだろうか？
マネジャー　：うーん、期日に遅れた場合、一生懸命残業しているところをみんなが見ていれば、誰にも非難されないだろうと思うかもしれませんね。
ワインバーグ：ふむふむ。
マネジャー　：……？

　マネジャー、特に若いマネジャーは、部下が残業するのを見て喜ぶ。自分の鼓舞や激励が功を奏して、全員が自分と同じくプロジェクトを成功させようと決意しているあかしだと考えるのだ。しかし、その裏にはもっと暗澹たる可能性が隠れているかもしれない。早い段階から常態的に残業をするのは、プロジェクトチームの恐怖のあらわれである可能性が高い。
　組織が恐怖の文化にとらわれている場合、さまざまな原因が考えられる。なかでもよくある原因をいくつか挙げてみよう。

- **恐怖によるマネジメント**：トップから最下層まで恐怖によって運営されている組織がある。このような組織にいたら、改善される見込みはない。辞めてしまえ、人生は短い。
- **コスト削減のための人減らしに対する恐怖**：会社がコスト削減のために従業員を解雇していたり、そのような削減のうわさがあれば、人びとは首切りをかわせないかと期待して長時間働く場合がある。
- **個人的な失敗に対する恐怖**：仕事をする能力に自信のないメンバーは、能力を高めてくれる追加研修やコーチングを求めるかわりに、長時間

働く場合がある。
- **プロジェクトの失敗に対する恐怖**：計画どおりのスケジュールでは、時間が足りなくて成功しないとチームのメンバーが考えていると、スタートからダッシュする場合がある。これは間違ったことである。ダッシュを長期間続けられるはずもなく、とっておきの力を使うべきときに脱落するはめになる。
- **プロジェクトの失敗が確実な場合の個人的非難に対する恐怖**：チームのメンバーが、スケジュールなどまったくの茶番で、最初からプロジェクトの命運は尽きていると知っている場合、きたるべき大失敗の咎を免れるために、あえてこれ見よがしに長時間働く人が出てくる。

正規の勤務時間外に働く人がいるプロジェクトがすべて先行きが暗いわけではない。リリースの条件を満たして製品の出荷準備を整えるために最後の追い込みをかけているときは、勤務時間が増えるのはごくあたりまえのことであり、かならずしも心配なことではない。しかし、プロジェクトの最初から長時間の残業が記録されるような場合、それを健全性のあかしととらえるのは浅はかといえよう。

残業はいつも熱意とプロフェッショナリズムからくるものに見えるが、本当の原動力は恐怖である場合が多い。早い段階での常態的な残業は、燃え尽き、従業員の離脱、スケジュール遅れ、製品の完全性を損なう品質上の欠陥など、プロジェクトが思わしくない結果に終わる予兆である。

33

ポーカーの夕べ

職務に関係のない活動のために、
組織のあちこちから従業員が集まる。

　現在、アメリカではポーカーが流行っている。月に1度かそこら、7～8人が誰かひとりの家に集まってポーカーをやる。ビールを冷やし、フェルト製のテーブルを出し、チップを積み、カードをシャッフルする。なかでも人気のゲームは「ポット・リミット・テキサス・ホールデム」である。たいてい参加者は仕事の同僚で、常連がゲストプレーヤーを招待することが多い。

　さて、テーブルを囲むのは、最近プロダクトマネジャーに昇格したホストと、2人のプロジェクトマネジャー、業務担当副社長とその友人の人事担当者、開発リーダー、その開発者が連れてきたエンジニアリング担当者である。プロジェクトマネジャーのひとりと関わりのあるカリフォルニアのコンサルタントもいる。

※ イラスト "Card Players," by Pro Hart

ゲームはホールデム、間違いなく今夜の勝者になるのは「組織」である。人びとが序列も職務も忘れて集まれば、組織は少しだけ健全になる。

　何もポーカーに特別な魔力があるわけではない。手段はどんなグループ活動でもかまわない。社会活動でも、慈善活動でも、地域活動でも。社内チェストーナメントでもいいし、男女混合ソフトボールリーグでもいい。社内ボランティアを集めて、ハビタット・フォー・ヒューマニティNGOの住宅建設プロジェクトや献血といったチャリティイベントを行ってもいい。地元のマラソン大会で、会社がスポンサーとなる給水所のボランティアスタッフを募るのもいい。要するに、社内の個人の役割と無関係の活動をグループで行うものであればいい。マラソン走者は、水を渡してくれたのが経営者であろうと郵便係であろうと気にしない。

　こうした活動は人びとにとって、肩書ではなく人と人として顔を合わせる機会である。このような活動は楽しみや満足感があり、支えになる。また、失敗することがほとんどない。ポーカーで多少損をしても時間を無駄にしたとは思わないだろう。気軽にあれこれ会話する機会にもなるし、ほかの人について知る機会にもなる。

　ポーカーの夕べで、ホストは人事部の女性がモリーという名前であることを知る。彼女の夫はローカルラジオ局の技術責任者で、11歳の双子がいる。モリーがポーカー好きなので、夫が子守をしている。ポーカー好きは、パデュー大学時代に覚えて以来である。モリーはビールが好きではないため、すばらしいシラーズワインを1本持ってきて、ほかのビールを飲まない人に分ける。

　それからは、駐車場でモリーを見かけたら互いに手を振るようになる。たまにおしゃべりをすると、モリーは前回損した20ドルを取り返すために、夫にもう一度双子の子守をしてくれるよう説得中だという。

　あるとき、ある優秀な人材をぜひ自分のグループに採用したいと考えたが、人事部は、いろいろと面倒な手続きを済ませてからでなければ契約を申し出てはいけないという。その人材がどこかへ去ってしまわないかと気が気でない。そこでモリーに電話をかけて状況を説明する。モリーは調べて

みると話す。あとでモリーがかけ直してきて、人事部の上司と直接話ができるよう手配したという。そこで上司に事情を話し、その日の午後に申し出ができた。

親しくなると、信頼の機会と我慢の機会ができる。ほかの従業員にいらいらすることは多い。しかし、モリーが自分にいらいらするとは考えにくく、こちらも必要なときにはモリーに信頼をよせることができる。

組織図の線は、指揮や意思決定の流れをあらわすものである。通常は仕事の流れを速めるためのものではない。また、通常は組織のワークフローに従ったものでもない。組織図の上でほとんど関係のない人びとと個人的な関係を築くことで、組織の重要な仕事が円滑化する。

多くの組織は、さまざまなチーム育成法で人為的にコミュニケーションの流れを円滑化しようとする。これらは有効な場合もあるが、個人に自主的に参加しているという感覚がないため、たいていあまり効果がない。誰かが献血を申し込むと、最初の会議のときにほかの人も申し込む。これは、水曜日と木曜日にコーポレートアイデンティティと企業精神を築くための社外活動に参加しろと命じられるのとは違う。企業が信頼感を高めようとしてやることは、ほとんどがハズレである。

ポーカーの夕べを強制する必要はない。人びとが集まり、楽しみ、ともに成功する状況をつくるだけでいい。何をするにせよ、そのような状況がどのように生まれようと、集まった人と活動についてどう考えようと、その活動をつぶすようなことは絶対にしてはならない。

「われわれは、遊んでいるときが最も生き生きとして、本来の自分に返り、どんなことにも夢中になれる」
　　　　　──チャールズ・E・シェーファー『大人のプレイセラピー』

34 エセ品質ゲート

プロジェクトの品質保証担当は、
本当の品質向上には役に立たない形式チェックにとらわれている。

　マイルストーンに達したり、イテレーションが終わったりすると、多くの組織はその結果について定型化された品質チェックを行う。この品質チェックは、たいてい2つのパートに分かれる。ひとつは、期待どおりの成果物が期待どおりの形式で作成されていることを確認する「形式チェック」である。もうひとつは、それぞれの成果物の内容が適切か、正確か、プロジェクトとして十分に完成されているかを確認する「内容チェック」である。最初は構文、次は意味である。
　しかし、意味が欠落していたら、成果物の構文を心配してもしかたがない。
　日常のコミュニケーションに使うフランス語、英語、アルバニア語、ウルドゥー語といった言語は、どれも独自の文法にかなった構文をもっている。この構文を使って意味を発見し、意味を伝える。たとえば、英語の文法規則では、文にはかならず動詞がなくてはならない。「We eat breakfast

in the evening（私たちは夜に朝食を食べます）」という文は、構文テストには合格する。しかし、意味をなすだろうか。この問いに答えるには、意味解析を行って、これが文脈の中で意図された意味かどうかを判断する必要がある。

　システム開発の言葉にも、すべて独自の構文がある。たとえば、UMLのユースケースモデルには、ユースケースを呼び出すアクターと、ユースケース名の2つが必要である。デザインモデルには、インタフェース一つひとつの定義が必要である。データフィールドディクショナリの各項目では、値の範囲を指定しなければならない。しかし、これらの構文チェックを行っても、ユースケースのトリガーとして間違ったアクターが定義されていたり、デザインインタフェースの定義に誤った内容が含まれていたり、データフィールドの値の範囲が間違っていては何にもならない。そこでユースケースの意味チェックでは、トリガーがほんとうにそのユースケースに必要な正しいトリガーかどうか、同じプロセスを呼び出すトリガーがほかにないかどうかを確認する。

　構文チェックをパスしたからといって、文書が目的にかなっているとはかぎらない。データフィールドがディクショナリに定義されているからといって、その内容が理解されたかどうかはわからない。「入力を取得し、処理を実行し、出力する」というスタイルのプロセス記述を延々と続けても、単なる紙のムダである。

> 　目次に「用語集」という見出しのある機能仕様書をレビューした。その文書は、納入業者の入札資料として機能要件を説明するためのものだった。文書の内容に目を通してみると、用語集には程度はさまざまだがあいまいな項目が10個ほど載っていた。そして、これらの項目は、文書のほかの部分で使われている用語とは一致していなかった。しかし、この文書は品質チェックを通っていた。「目次」というセクションがあるからだ。
> —— SQR

エセ品質ゲートがある組織は、成果物の構文や形式ばかりにとらわれ、内容をないがしろにする。そうなる一般的な理由を3つ挙げよう。

- QA担当者がプロジェクトチームの一員ではなく、成果物をじっくり読んで意見を言うことにまったく関心がない。このため、安直に済ませようとして形式的なことに意見をつける。ある国際的プロジェクトで、次のビッグバージョンに対する要求をフリーズするためにすべてのパートナーに仕様書を送ったところ、あるパートナーが意見を述べ、最後にこう付け加えた。「この100ページの文書はずいぶん行間の広い部分が多かったため、私には非常に読みにくかった。この点を修正して再提出してほしい」
- QA担当者が、文書作成に使われる手法とその品質管理について教育を受けていないか、問題領域に関する知識をもっていない。そのため、見出しや番号の付け方にとらわれたり、わざわざ割愛した項目に目をつけ、決められた見出しと本文をすべて書くべきだと主張したりする。
- 会社のプロセスモデルや組織構造上、QA担当者とプロジェクトの現場に隔たりがあるため、このようなことが起こりやすい。

　私は、いくつもの企業、それもたいてい大企業で、QA部門の仕事は文書の完全性、一貫性、形式をチェックすることだとする指示書を見てきた。しかし、それらの任務を与えられた人びとは、システム開発の要求、設計、プログラミング、テストといった分野のスペシャリストではない。かれらは「QAスタッフ」なのだ。膨大な種類の文書に膨大な決められたチェックリストを使い、意味など考えずにチェックすることとされている。このような企業のプロセスモデルでは、内容の品質保証は、最初にその文書を記述した作成者の責任だと明記されていることも多い。それぞれの分野のスペシャリストなのだから責任をもてというわけだ。

—— PH

エセ品質ゲートを使っているかどうかを知るには、品質チェックのフィードバックのうち、内容ではなく形式に関するものが大半を占めていないかどうかを確かめればよい。このパターンの代償として、無益な手続きに時間が浪費されられるが、それ以上に重大なのは、内容の欠陥が最終製品まで見落とされることである。

35

テストの前のテスト

「テストにはテスト以上の意味がある
（だからテストの前に始めるべきである）」
——ドロシー・グラハム

　従来、テストは何かしらソフトウエアができたときに行われている。テスト担当者は完成したコードをテストし、それが正しく機能するかどうかを判断する。従来のやり方にとらわれない組織は、開発サイクル全体を通してテストを行うことがある。とりわけ、製品開発のごく初期の段階（目に見えるソフトウエアなどができるずっと前）や各イテレーションの初期にテストを開始する。初期テスト、つまりテストの前のテストは、プロジェクトで予定されている成果物が完成したときに、間違いがないかどうかをテストできるようにするためのテストである。

　テストの前にテストをすべき理由は、あとのテストの有効性がはるかに高まるのと、避けられるエラーを修正するために使う無駄な時間が減ることだ。初期テストを使う組織は、あとで製品が期待どおりに動くかどうかを

テストするだけで済む。多くの組織がそれで済まないのは、「期待どおりに動く」とはどういうことかが正確にわかっていないからだ。要求そのものがテストされていなければ、ソフトウエアのテスト担当者が要求を信用するはずがない。初期テストの考え方は、後期テストでソリューションの測定に用いるための正確なものさしを提供することだ。

しかし、初期テストは要求だけを対象とするわけではない。プロジェクトのあらゆる成果物に有効である。たとえば、製品の設計も、目に見える形で伝えられれば、初期テストが可能である。プロジェクトの成果物として提出されるプロジェクト計画やスコープ文書なども同様である。これらはすべて、テスト可能な形式で提出されれば、初期テストのメリットを享受できる。加えて、初期テストされると思うと、成果物の作成者の意識も違ってくるため、中間成果物がはるかにわかりやすいものになる。

製品ができあがってからテストをしても、プロジェクトの成功のためには役に立たない。その段階で根本的な誤りがあると、というより初期テストをしていなければほぼ確実に存在するのだが、もう手遅れである。

テストの前にテストをするということは、プロジェクトについて最初に話し合う時から品質管理を導入するということである。これをやっているプロジェクトでは、最初の成果物をテストして、おかしなものではないか確認してから次へ進む。この初期テストの意義は、さまざまな思い違い、誤解、齟齬（そご）、非現実的な期待などをできるだけ早く、固まって解消しにくくなる前にあきらかにすることである。テストの前にテストをすることは、特に影響力の大きい成果物をテストすることにつながるため、テストの労力に対して最高の成果があがる。

36

サイダーハウス・ルール

プロジェクトチームのメンバーは、
プロジェクトの作業に関係のない人びとが
つくったルールを無視または回避する。

> **サイダーハウス・ルール**
> 1. 酒を飲んで粉砕機や圧搾機をあつかわないこと。
> 2. 寝たばこ、ろうそくの使用は禁止。
> 3. 酒を飲んで屋根に上がらないこと。特に夜間。
> 4. 酒瓶を持って屋根に上がらないこと。

　ジョン・アーヴィングの小説『サイダーハウス・ルール』は、毎年シーズンになるとリンゴ農園でリンゴを収穫し、サイダーをつくる労働者のグループの話である。リンゴ収穫期の何週間か、労働者たちは古いサイダーハウスに寝泊まりする。建物の中には、オーナーのオリーブが「サイダーハウス・ルール」とタイプした紙が貼ってある。新人労働者のひとりは、これを読んで、ほとんどのルールが公然と破られていることに気づく。これらの違反についてたずねると、ある古株が答える。「誰もこんなルール知ったこっちゃない。毎年オリーブがこいつを書くんだが、毎年誰も気にも留めない」[*1]

[*1] John Irving, *The Cider House Rules* (New York: William Morrow and Company, 1985), p.273.
（邦訳　ジョン・アーヴィング『サイダーハウス・ルール』真野明裕訳、文藝春秋、1987年）

「ルールがあれば、われわれはそれを破る」

―― リンダ・プラウズ

　サイダーハウス・ルールの問題は、自分はサイダーハウスで暮らさず、そうする気もない人間が、そこに暮らす人びとのルールをつくっていることだ。オリーブは大邸宅に住んでいるため、暑い夏の夜には屋根の上が唯一涼しくくつろげる場所だとわかっていない。それに、屋根の上で酒を飲むことが、リンゴ農園の労働者にとって生活の一部になっていることを理解していない。不適切なルールをつくったことによって、そのルールが無視されていると知っても、驚くべきではない。かけ離れた場所から他人にルールを押しつけることは、無視してくれと言っているのも同然なのだ。

　開発組織には、独自のサイダーハウス・ルールをもっているところがある。プロジェクトの作業に関わらない人びとが、関わる人びととのルールをつくっている。そのような開発組織のなかには、プロセス改良部、規格グループ、品質部門といった部門があり、作業のプロセスや手法を命令することを仕事としている。これらの部門がプロジェクトで使用するツールを選定したり、プロジェクトの成果物の基準を作成することもある。プロジェクトチームがどのように仕事をすべきかというルールを、おそらくその仕事を十分に理解することもなく、これらの部外者がつくっている。

　プロセス、手法、ツールの選定がその人の唯一の仕事である場合、このパターンはますますはっきりしてくる。選定者はプロジェクトの作業はせず、作業をする人に対してやり方を指示するだけである。

　部外者は、作業のやり方を適切に判断できる立場にはほとんどない。作業の内容を熟知していないと、たいていは的外れな作業を求めるルールをつくることになる。結局、ルールの策定者は（自分の背後も含め）抜かりなく守りを固めておきたいのだ。そうすれば、もしまずいことが起きても自分のルールが批判されることはなく、非難を免れる。それに、誰からも自分のルールがどこか不十分だと思われたくない。

　もちろん、成功するプロジェクトは完全な無秩序状態ではない。何らか

のルールと決められたプロセスが必要である。しかし、それにはルール策定者が思い描く世界とそのルールに従う人びとが暮らす世界が一致している必要がある。それがぴったり一致するためには、プロセスや品質のスペシャリストがプロジェクトチームの正式なメンバーになることだ。あるいは、少なくともプロジェクトの現場と緊密に連携するべきである。この条件が満たされれば、スペシャリストは自分の知識を駆使して、チームにとって適切なプロセスを定義できる。そしてルール策定者は、すべてのルールをプロジェクトに合ったものにすることに責任を負うようになる。

　ルールが適切であれば、プロジェクトチームもそれに従う。そのようなルールは役に立ち、理にかなっていて納得できる。しかし、現実とルールが食い違う場合、勝るのは現実であり、そのルールはサイダーハウス・ルールである。

37

まず話す、次に書く

プロジェクトチームは会話の中で決定を下し、
それからすぐに決定を文書で伝える。

　一見、これはあたりまえのことを書いただけのように思われるかもしれない。会議を開いたら、あとで議事録を配布しなければならない。われわれも、多くのチームが違ったやり方をして苦しんでいるのをこの目で見なかったら、これはあたりまえのことだと思ったかもしれない。

　決定を下す時がきたら、うまく、すばやく決定したい。開発プロジェクトの時間は短い。決定のタイミングがクリティカルパスにかかる場合もある。そうなると、決定が下るまでチームは身動きがとれなくなる。実際には、クリティカルパスにさしかかる前に決定を下す場合の方が多いが、それでもやるべきことは多く、決定すべき事項も多いため、すばやく決断する必要がある。

　すばやく適切な決定にたどり着くには、会話が最高の手段である。系統立った明快な会話では、全員が集中して密度の濃いやりとりができる。短い時間で複数のメンバーの経験や知恵を結集し、多面的な情報にもとづく

決定にたどり着く。回りくどい電子メールのスレッドと違い、会話は同時進行なのでうまくいく。決定に達するまで、関係者が継続して参加するからだ。

決定に達したら、今度はギアチェンジだ。今下した決定を、明瞭であとに残る形にして関係者全員に伝える。この戦略は何も新しいものではない。5000年以上も前にシュメール人が文字を発明したのも、同じような必要に駆られたからだ。シュメール人は長い間、会話によって売買などの交渉を行っていたが、これらの商取引や法的な取引の結果をもっとうまく保存する方法を求めていた。そのためにつくり出した初期の文字体系が、のちに楔形文字へと発展した。

メソポタミアの市場や寺院で役立ったものは、21世紀のプロジェクトにも価値あるものをもたらしてくれる。文字は長く形に残るため、記憶に残るだけの会話とは違った働きをする。決定を文書で伝えることによって、その場にいなかった人や詳細を忘れた人のために、意思決定の会話を残すことができる。

集中的な会話と明確な伝達文の利点はわかりきっているのに、なぜ両方を一緒に使わずに、状況に合った一方だけを選ぶチームがあるのだろうか。チームのコミュニケーションの嗜好は、組織全体の嗜好を反映することが多く、それぞれの組織の文化はコミュニケーションのスタイルに影響を及ぼす。規模が大きく形式にこだわる組織ほど、文書にたよる傾向がある。規模が小さく動きの速い組織は、対面による会話、電話、インスタントメッセージのような長く残らない文書にたよる傾向が強い。いずれの組織のチームも、自分たちの文化に最もなじみやすいコミュニケーション手段ばかりに依存しがちだ。

小規模な企業のチームは、決定を下すことにかけては効率的であることが多い。臨機応変に短く集中した会議を行い、難しい問題に対処して解決策を計画するという強力な文化をもっている。しかし、かれらの文化は話し言葉によるコミュニケーションに根ざしているため、決定を伝えるときにも同じ方法をとろうとする。話し言葉によるコミュニケーションに慣れ

ているため、ギアを切り替えるべきタイミングに気づかない。

　ギアの切り替えに失敗する例は、大企業や分散チームにはさらに頻繁に見られる。プロジェクトチームが遠く離れた場所に分散していると、電子メールがコミュニケーションのおもな手段になることが多い。チームのメンバーは、受信箱で仕事をすることに慣れてしまって、決定を必要とする問題をメールで提示することをなんとも思わない。そこから対話が始まり、「CC」行に追加される人がどんどん増えていくことも少なくない。1回か2回の短い会議で決まることに延々と何日も費やしたあげく、決定に至らないこともある。

　優れたチームは、その時その時の作業に応じて、文化的にあまり慣れていないコミュニケーション形式でも採用するよう心がける。どれほど形式ばった組織でも、短時間で効率的に意思決定を行うときは会話を使う。どれほど敏速な新興企業でも、あとに残すべき決定を伝えるときは文書を使う。

38

ダボハゼ

よくばりすぎると組織の動きは鈍くなり、思ったほどの成果は得られない。
しかし、そこには抗いがたい魅力がある。

　このコスト削減と人員削減の時代、企業は新しいソフトウエアを十分に開発していないため、戦略的に優位に立つ機会を失っているというのが、少なくともITプロフェッショナルの間の一致した見方になりつつある。この見方に賛成だという人は、その反対の状況についてちょっと考えてみてほしい。もしかしたら、ソフトウエアをつくりすぎているのかもしれないと。

　21世紀は、何もかもきのうのうちに済ませなければという義務感に駆られているように見える。スピードがそれほど重要なら、負荷を減らしてスピードを買うという折り合いのつけ方が考えられる。ところが、この単純で常識的な方法は、ある暗黙の重要な政治的現実と相いれないのだ。何かを減らすと、誰か、たぶん権力者の機嫌を損なうことになるという現実と。

　たとえば、あるマネジャーが上司のデュエインから仕事をたのまれる。チームがすでに手いっぱいなのはわかっているが、デュエインには権力が

ある。発言力もある。デュエインの力と声が大きければ、屈伏せざるをえない。

「ああ、なんてこった」マネジャーはため息をつく。「わかりました、デュエイン。その機能を組み込みます」

この取引についてあらためて考えてみよう。組織は楽にあつかえる範囲をやや上回る負荷を受け入れた。ある権力者の機嫌を損ねないためだ。同じ限られた人材でより多くの仕事をこなさなければならないため、平均すると仕事のスピードは遅くなる。要するに、マネジャーはスピードを犠牲にしてデュエインの標的になるのを避けたのだ。事態はさらに悪化する。社内の権力者はデュエインだけではない。それどころか、新しいシステム開発業務を要求できる立場の人はみなマネジャーに対して何らかの権力をもっている。マネジャーは批判を避けたいばかりに、これらの仕事にもイエスと言いたい気持ちに駆られるかもしれない。イエスと答えるたびに、スピードを落とす仕事が増える。

チームが適切に処理できないほどの仕事を受けることは、マネジャーとして卑怯な行為である。個人的な批判を避けるために、チームが成功できない状況をつくっているのだ。マネジャーに最初にノーと言う勇気がなかったために、チームは無理な仕事を強いられたうえ、組織内で評価を落とす。

この不幸なサイクルを逆転するにはどうすべきなのか。それには仕事に優先順位をつけ、最大限のスピードで処理できる分だけ仕事をすることだ。価値の低い仕事は、価値の高い仕事が完成するまで保留する。

これは実際には難しいかもしれない。価値あるものを速く完成させることはできるが、権力はあきらめることになる。力のある人にノーと言えば、良い仕事をできるようになるが、政治的力は弱まる可能性がある。この裏にある法則を考えると悲しくなる。すなわち、より重要な仕事を速く完成させることはできるが、それには潜在的な政治的権力をあきらめるしかない。

組織がみずからに過剰な負担をかける理由は、政治だけではない。個人

も自分に過剰な負担をかける傾向がある。ノーと言えないのだ。かれらも過ぎたるは及ばざるがごとしという言葉は知っているはずだが、心の中では多ければ多いほどいいと思っている。

　最大限のスピードで処理しきれないほどの仕事を引き受けていれば、やがて遅くなるのは当然だ。仕事量とスピードの得失がこれほどあけすけに語られることはめったにない。これはそれほど魅力のない話なのだ。魅力がないために、多くの組織は膨大な量の仕事を完成させようとして、ほぼ停滞状態にまで減速してしまう。立ち止まって価値のあるものとないものを選り分ければ、自分たちがやまほどのカスのために遅くなっていることに気づくはずだ。

　マネジャーにとって、このパターンを続けることは（自分のせいであれ、部下のせいであれ）、プロジェクトを重大な余計なリスクにさらすことになる。

39

アトラス

チームのリーダーが、
（ほとんど）あらゆることに長けている。

　エリカのチームを訪ねるのは楽しい。彼女が運営する約25人の開発チームは、社内でもひときわ優秀なチームである。すばらしい製品を出荷している。期日は守る。優秀な若い新人の多くがエリカの下で働きたがるため、欠員が出ると最高の人材を補充できる。しかし、メンバーも長く定着する傾向にあるため、めったに欠員は出ない。人が集まってくるのは、学ぶことが多いとわかっているからだ。長く留まるのは、新人からエリートまでエリカが時間をかけて技術的なスキルを高めてくれるからだ。

　この成功がおもにエリカのリーダーシップによるものであることは、深く観察するまでもない。彼女はチームのためになんでもやる。率先して製品を計画し、リリーススケジュールを作成し、アーキテクチャの決定のほ

とんどに参加する。リリースサイクルの終盤に遅れている若手の開発者がいると、さっと手を貸して期日に間に合わせる。

　エリカは会社の業務についてもうまく対処する。成績評価や給与算定の時期がくると、それらの庶務的な作業を多忙なリーダーたちに押しつけず、自分で引き受ける。チームがほかのサイトのチームと協力する必要がある場合、エリカが使節になる。実を言うと、ほかの開発サイトの人のほとんどは、エリカのサイトの人間はエリカ以外に会ったことがない。

　エリカのチームを訪ねるのは楽しいが、もっと違ったやり方もあるのではないかと思う。

　エリカはリーダーに求められることはほとんどすべてやっている。ただ1つのことを除いては。完全なリーダーでありマネジャーであるために、重要なリーダーやマネジャーの仕事を何ひとつチームメイトに任せないのだ。その結果、メンバーをリーダーとして育てていない。

　エリカのチームは、構造的にどのようなチームか考えてみよう。25人のメンバーは少人数のサブチームに分けられている。開発者のチームがいくつかと、テスト担当者のチームが1つか2つ、テクニカルライターが2人、チームに属さない各種スペシャリストが2人か3人。少人数のチームにはそれぞれチームリーダーがいる。人選が適切なら、これらのリーダーは未来のエリカである。もちろん、なかにはマネジャーになりたくない人もいるだろう。技術の最先端の仕事を続けられるところにいたいと考えるかもしれない。しかし、エリカやその上のマネジャーに自分の姿を重ねる人もいるはずだ。エリカのようになるには、彼女の仕事全体をひとつずつ学んでいけるように、まずエリカの仕事のごく一部を手がける機会が必要だ。エリカは、リーダーシップやマネジメントのあらゆる面を独り占めすることで、将来のリーダーから貴重な学習の経験を奪っている。かれらを大事にしてはいるが、その成長を止めているのだ。

　エリカのチームや似たようなチームのさまざまなすばらしい長所は先ほど挙げた。では、このようなスタイルのリーダーシップがほかにどのような影響を及ぼすか考えてみよう。最もはっきりしている点はすでに述べた。

未来のリーダーがリーダーとして育たない点である。しかし、このほかにも隠れた影響が2つある。

　第一に、エリカのモデルはあまりスケーラブルではない。たぶん最初は4人から6人の開発者グループのリーダーだったはずだ。直接個々のメンバーの面倒を見ることができた。そのうち、知性とスキルと行動力によって、5つほどの少人数チームに分かれた25人の優秀なチームを率いるまでになった。組織図でいえば、エリカはチームリーダーの上にいて、チームリーダーはチームメンバーの上にいる。ところが、エリカのリーダーシップのスタイルを見ると、5人のチームリーダーがいながら、エリカはいまだに25人全員を直接管理していることがあきらかになる。

　100人のチームが必要な課題に挑むことになったとき、上司はエリカに新しいチームのリーダーを任せられるだろうか。まず無理だろう。エリカのような有能な第一線のリーダーは、25人のチームなら成功できるが、100人のチームには通用しない。エリカのスタイルは小規模なチームでは有効だが、このスタイルしか知らないマネジャーは大きな仕事はできない。

　第二に、もしエリカが突然いなくなったらどうなるだろうか。誰がかわりになるのか。誰がチームを引き継いで、すばらしい業績を続けられるようにするのか。エリカの上司はどうしようもなく不安になるはずだ。現実的な選択肢が1つあるが、それにはリスクがともなう。つまり、チームの外から新しいリーダーを連れてくるのだ。社外から採用するか、ほかのマネジャーをひとり異動させる必要がある。いずれにしても、新しいリーダーの道のりは厳しい。

　エリカのチームは、完全にエリカだのみになっている。新しいリーダーが短期間で受け入れられるのは非常に難しいだろう。さらに、新しいリーダーにはエリカのスタイルを完璧にまねることは期待できないため、チームリーダーは、以前はやらなくてよかったリーダーやマネジャーの仕事を増やさなければならない。新しいリーダーが幸運に恵まれれば、これらのチームリーダーのうち何人かが新しい期待に応え、以前から可能性のあった優秀なリーダーへと急成長する。運が悪ければチームリーダーの何人かを入

れ替えねばならず、（ほとんど）あらゆることをやってくれたマネジャーが去ってからぐらついていた組織は、さらに深手を負うことになる。

40

裸の組織

完全オープンの方針は、
しだいに進歩を止めることになる。

　自分たちは「オープン」だと考えている組織は、たいてい、オープンであることに満足している。「うちの会社はオープンだ」と自慢して、相手が感心してくれることを期待する。しかし、オープンすぎると弊害もある。この点は、知能研究の先駆者であるハーブ・サイモンがうまく言いあらわしている。「情報が多すぎると注意力はなくなる」[1]。注意力に対して情報量が多すぎるのは、詰め込みすぎである。それ以上情報を増やしてもどうにもならない。

---

* 1　H.A. Simon, "Designing Organizations for an Information-Rich World," in *The Economics of Communication and Information*, D.M. Lamberton, Ed., (Cheltenham, U.K.: Edward Elgar, 1997), pp.187-203.

※ 写真　©Tim Davis/Cobis/amanaimages

ある小さなIT企業のコンサルティングをしたとき、メンバー全員がいつもすべての会議にまねかれていた。さらに悪いことに、たびたび全員が出席した。どうしてそんなことをするのか。マネジャーのひとりがその理由を説明した。「トム、この組織のことで、これだけは理解してもらわなくちゃいけない。みんな何をするにもすべてのことを知っているべきだと考えているんだ」

—— TDM

　組織で何をするにも全員がすべてのことを知っている必要があるなら、その組織はおしまいである。

　完全にオープンな組織の対極にあるのは、必要なときしか情報にアクセスできない組織である。これは、防衛計画や兵器開発といったセキュリティレベルの高い環境によくあることだ。このような組織では、厳しいアクセス制限のため多少の不便はあるが、それでも機能はする。たぶん、完全にオープンな組織より機能的である。

　この両極端のどこか中間にありたいと考えるのは当然のことだ。身近で進行しているプロジェクトの詳しい内容の一部をこころよく教えてもらえたらうれしい。こうしたちょっとしたオープンさは、組織が社員の成長を支えたいと考えているあらわれである。しかし、オープンであることは最大限まで高めるべき特質ではない。

　情報は多すぎてもよくないと言うだけでは不十分である。それより重要な問題は、そもそもなぜ多すぎる情報を抱えこんでしまうのかを理解することである。その理由のひとつは、他人から提供される情報にはファウスト的条件がついている場合があることだ。情報を受け取ってそれについて文句を言わなければ、事実上、その内容に同意したことになる（パターン25「沈黙は同意とみなされる」）。

　多くの情報を抱え込む理由としてさらに一般的なのは、情報不安である。ほかの人が知っていることを知らないことに対する恐怖である。この恐怖に屈すると、初めておとなの宴席に参加した子供のように、何か食べ損ね

ることを恐れて、おいしそうなものを全部口に詰め込んでしまう。自分の情報プレートにどれぐらいの分量がちょうどいいかを知ることは、単に優れた戦略であるだけでなく、おとなになるということだ。

41

ピア・プレビュー

組織は、候補者と同僚となるスタッフを
採用プロセスに参加させる。

　今日のたいていの組織では、候補者の中から技術スタッフの採用を最終決定するのは管理者である。マネジャーが雇い、マネジャーが切る。ごくあたりまえのことだ。しかし、一部の組織では、候補者の採否の決定に、その同僚となる人びとが参加する。このような「ピア・プレビュー」の効果はただ1つ。マネジャーが同僚となる技術スタッフに発言権を与えると、候補者、スタッフ、マネジャーの全員が得をする。

　採用プロセスの最初の段階は、通常とほとんど変わらない。候補者の適性をみる一次審査は、たいていは第一線のマネジャーが行う。マネジャーがベテランの技術スタッフに、履歴書に目を通して次の段階へ進むリストと断るリストに分けるのを任せる場合もある。書類上で特に良さそうな候補者とはマネジャーが予備的に電話で話し、誰を個人面接にまねくかを決めることもある。まねかれた候補者は、チームとの面談に3～6時間ぐらいかかる予定だと告げられる。採用プロセスに同僚が参加する場合、面接は

長くなるのが普通だ。

　まねかれた候補者が到着し、マネジャーが挨拶したら、各チームメンバーとの面接の1件目が始まる。1回の面接は30〜90分ぐらい続く。

　ピア・プレビューの面接者は、誰でも候補者について同じような情報を求めているが、それを探る過程は人それぞれである。もちろん、誰もが候補者の知識、スキル、能力を知りたいと思っている。そのため、募集している仕事の内容にもよるが、グループ全体として、何かコードを書くかテストセットを構築するよう候補者に求める場合がある。しかし、個々の面接者は候補者の人となりも探り、「この人物と一緒に働いていけるだろうか」「うちのチームに合うだろうか」「この人が入ったらうちのチームは強くなるか、弱くなるか」と考える。

　さらに、個々の面接者は、チームでの自分の役割にもとづいて候補者を評価する。たとえば、候補者が開発者であれば、テスト担当者と開発者では、面接でたずねる質問も、求める特性も異なる。

　また、面接者は自分自身の過去の経験にもとづいて候補者を評価し、「この人物のスキルや問題解決のスタイルは、日ごろ自分が重視しているものと同じだろうか」「この人は、かつて気の合ったチームメイト（またはうまくいかなかったチームメイト）とどれぐらい似ているだろうか」「この人物は見かけどおりの好人物か、それとも偽物か」と考える。面接者の経歴もさまざまなので、チームは多様な視点、多様な価値観から未来のメンバーを審査できる。

　面接者は、候補者を同僚の手に渡したあと、マネジャーと直接、またはメールか電話で、候補者についての印象や意見を話し合う。スタッフ一人ひとりが、「もし自分ひとりで決めるとしたら、この人物を採用するかどうか」の多数決に1票を投じる。

　面接がすべて無事に終わったら、候補者は、各面接者の報告を聞いたマネジャーのところへ戻ってくる。次にマネジャー自身が面接を行い、採用の見通しを候補者に告げる。マネジャーが採用したくないと考えた候補者に対してほかの面接者が前向きな場合もあるが、チームの重要人物がダメ

を出した候補者を採用しても意味がない。

　採用プロセスに対してチームに本当の発言権があれば、全員が勝者になれるはずだ。

- 既存のメンバーにとって良いことは、新しいスタッフがやってくるその日には、多くのメンバーがすでに顔見知りで、事実上、その人を支持していることである。スタッフが受け入れなかった人物が入ってくることはない。
- 候補者にとって良いことは、このチームに参加したいかどうかを的確に判断できることである。未来の上司だけでなく、同僚に会うことができる。実際の仕事のようすをたずねることもできる。企業の文化を察知する機会がある。
- マネジャーにとって良いことは、候補者に対する技術的な評価を自分だけで推測するのではなく、チームに任せられることだ。また、チームがすでにこの新人をある程度受け入れ、うまくやっていけるか関心をもっていることを知っている。
- 最後に、チーム全体にとって良いことは、ピア・プレビューのプロセスを通じて、チームのメンバーがお互いから学べることだ。候補者に対するほかのメンバーの評価を読むことで、今後の候補者に対して使える質問や基準がわかる。また、マネジャーは、自分のチームのメンバーの考え方を深く知ることができる。

　マネジャーといえば、ピア・プレビューはチームリーダーを採用するときにも有効である。チームのメンバーに、将来自分たちのボスになるかもしれない人物を面接させてはどうだろうか。

　候補者が開発者であれ、テスト担当者であれ、マネジャーであれ、ほんとうに優秀な人物を見つけることは簡単ではないが、重要な仕事である。それはチームのプロジェクトだ。

「監督とは、他人が打ったホームランで金を稼ぐことだ」

——ケーシー・ステンゲル

42

シュノーケリングとスキューバダイビング

分析活動はプロジェクトの期間中続く。
トップダウンで、ボトムアップで、そして中間(ミドル)から四方八方へ*1。

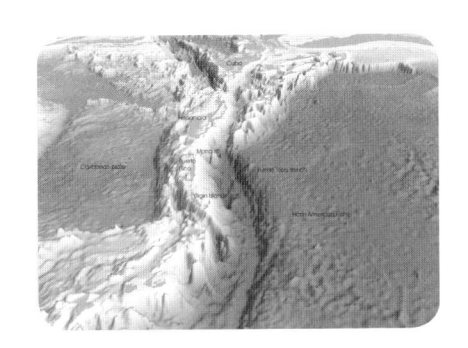

　水面を泳ぐシュノーケリングでは、浅瀬を泳ぐ魚や深海生物の影が見える。スキューバダイビングは水面のはるか下へ潜る。深く潜り、影の正体を調べて、特定のエリアの魚、難破船、珊瑚などを見つける。時間が同じなら、シュノーケリングの方が広い範囲をカバーし、スキューバダイビングの方が深い場所へ達する。成功するプロジェクトチームは、プロジェクト期間を通じてシュノーケリングとスキューバダイビングのスキルを組み合わせ、いつどの方法を使うか合理的に判断して、有効に時間を使う。

　シュノーケリングは、プロジェクトチームが、問題を理解し目標を達成するためにどれぐらいの範囲を調査すべきかを知るために使う優れた手法である。通常、プロジェクトやサブプロジェクトを開始するときには、シュノーケリングによって、調査の範囲、目標、利害関係者、調査の限界、す

---

*1　このパターン文は、ダインズ・ハンセンのおかげで思いついた。

でにわかっていることは何か、どこでスキューバダイビングが必要になるかを見きわめる。

　さらに深くスキューバダイビングをするのは、何か見てみたいもの、新しいもの、詳しいものがあると思われるときだ。深く潜ってみると、シュノーケリングのときに立てた仮定をひっくり返すような発見に出会うこともある。海底でその海域にいるとは思わなかった海洋生物に出会ったらどうするか。今度はより広範囲を調査して、その生物の繁殖地を探すべきだろう。

　このパターンが意味するのは、チームが幅広い見方（シュノーケル）と厳選した詳細な作業（スキューバ）を、どちらか一方ではなく両方とも使うことである。鍵となるのは、プロジェクト全体に幅広く奥深い調査能力を生かせることだ。広範囲の調査では、プロジェクトに影響を与える可能性のある人、組織、ハードウエア、ソフトウエアシステムを特定する。この範囲に関する知識が高まれば、最もリスクの高い領域と利益を得られる領域、深く調査するとよさそうな領域を見きわめられる。

　シュノーケリングとスキューバダイビングを併用するプロジェクトチームは、調査範囲の広さにひるんだりしない。メンバーは、その範囲全体を同じ深さまで調査する必要がないことを知っている。たとえば、一部の範囲については既製のソリューションを買うことにすれば、その部分については、そのソリューションの機能とその他の作業状況を合わせるために必要な深さだけ調査すればいい。みずからソリューションを構築する予定なら、変更に対応するためにどの程度の深さまでを調査すればよいかを判断する。深い部分の調査は、適当な時期まで先送りにしてもいい。視野の広いプロジェクトチームは、変更によって生じる影響を見通せるため、変更にうまく対応できる。自分たちが何を知っていて何を知らないか、何を探索する必要があって何を放っておいてよいかを理解している。資源を最大限に生かす方法を計画できる。

　シュノーケリングとスキューバダイビングを併用するプロジェクトは、プロトタイプやシミュレーションをコンテキストモデリングと組み合わせて

使うことが多い。また、プロジェクトの早い時期から段階的に、特に重要な機能を完成させることもできる。さらに、プロジェクトのスコープと目標を、簡潔に筋道を通して説明できる。

このパターンの反対は、チームが細部にこだわる場合（「おれたちはスキューバダイビングしかやらない。シュノーケリングみたいな軟弱なことはしない」）か、細部をこわがる場合（「私たちはシュノーケリング専門。海の怪物が出たらこわいから」）である。メンバーが「高いレベル」の話と「細部」の話を、特に関連づける必要もない別々のことのように論じている場合も、このパターンの対極と言える。

優れた開発者は、自分を制限しない。シュノーケリングもスキューバもやる。何を見るべきかによって方法を選ぶ。偵察だけなら浅く潜れば十分だが、詳しく調べるには深く潜る必要がある。

足先を浸すだけで、潜るべきではないとわかる場合もある。

いまいましいインタフェース

プロジェクトチームのメンバーは、自動化の世界であれ人間の世界であれ、絶えずインタフェースに注目している。

　システムを設計するには、システムとその環境とのインタフェースを知らなければならない。システムの生の入力と、その最終的な出力を知る必要がある。この入力と出力の全容がはっきりするまでは、予備的な分析にすぎず、問題領域の境界は確定できていない。すべての入出力が明確になって初めて、システムの機能の定義を始められる。

　機能が決まったあと、設計はどうなるのか。大きく複雑なシステムをサブシステムに分け、サブシステムをコンポーネントに分ける。そして、これらのサブシステムとコンポーネントの境界を決めるのに有効な方法は、一意の入力と出力の数を数えることである。

　われわれは日ごろ、実装の作業をどのように分割しているだろうか。サブシステムやコンポーネントごとに分けているはずだ。チームがサブシステムの開発を引き受けると、メンバーがコンポーネントを構築してテストする。サブシステムとコンポーネントのバウンダリは、作業の境界を定義し、

各開発者の責任を厳密に決める。これらのインタフェースは、コンポーネント間の契約である。「これこれの条件のもとでのみ、きっちりこのデータを渡してくれ。そうしたら正確にこの製品をつくり、指定の場所に格納する」という約束である。

まだ細部まで煮詰まっていないプロジェクトの初期段階では、実装が可能なほど厳密にインタフェースを宣言することはかなり難しく、微妙な点を見落としたとしても、それに気づくのはなおさら難しい。もちろん、インタフェースを定義し忘れては解決にならないため、その時点でわかるかぎりすべてのインタフェースを定義しなければならない。

こうしたことが積み重なるうちに、少なくとも2つ（おそらくそれ以上）のコンポーネントに影響を与えるインタフェースの欠陥が発生する。これは通常、最もあつかいにくい問題である。

このパターンを知っているチームは、早い段階でインタフェースに取り組む。すべてのコンポーネントのコードをコミットする前に、インタフェースを使うコードのスレッドを構築する。早くから各人のコードを統合し、頻繁にテストする。

> 以前見たあるプロジェクトには、3つの作業グループがあった。1つはカナダ、1つはアメリカ、1つはイスラエルにある。マネジャーはプロジェクトのイントラネットに、「インタフェースバイブル」という文書を置いていた。それは、あらゆるシステムインタフェースを記録する唯一の文書だった。ほかのところにどのインタフェースについて何が書いてあろうと関係ない。マネジャーはこのバイブルに絶対的な信頼を置いていたため、いまいましいインタフェースを罵ることもなかった。
>
> —— TRL

このパターンを知っているマネジャーは、プロジェクトチームのインタフェースに気を配り、どこかのグループがインタフェースについて誤った仮定を立てる可能性と戦う。コンウェーの法則を思い出してみるといい。

「製品は、それをつくった組織の構造を反映する」。これは特にインタフェースにあてはまる。プロジェクトの人間のインタフェースが複雑だと、製品のインタフェースも複雑になる。

44

ブルーゾーン

チームに少なくともひとり、
いつも与えられた権限以上のことをするメンバーがいる。

「オーヴィル・ライトはパイロットのライセンスをもっていなかった」
——リチャード・テイト(クラニウム社のエライひと)
_{グランド・プーバー}

　ウィンストンに会ってみよう。ウィンストンは、開発プロジェクトで時々出会うある典型的なタイプである。アナキストというわけではないが、上司などいないかのように行動する。自分がプロジェクトにとってベストだと思うことを、命令に関係なく勝手にやる。とはいえ、やりすぎるということはない。自分の権限(それと時にはマネジャーの忍耐)をぎりぎりまで引き延ばすだけのことだ。ウィンストンはブルーゾーンで動いている。
　マネジャーが誰かに任務を与えるときは、相手の能力を考慮しつつ、その任務の目的を達成するのに十分な裁量権を与えるように境界を設定する。また、いくつもの任務が重なったりぶつかったりしないよう注意する。
　よく考えて作業を定義すれば、任務を与えられた人が自由に動き回れる

だけの広いレーンができる。しかし、任務の中でやるべきことをすべて正確に指示するのは不可能に近い。プロジェクトの任務を割り当てるには、3つの権限ゾーンをつくることだ。

- 「グリーンゾーン」は、明確に任務の一部であること、つまり遂行すべき仕事の核である。
- 「レッドゾーン」には、任務の範囲から明確に除外されるものがすべて含まれる。
- 「ブルーゾーン」は、それ以外のすべて、つまり任務で求められても禁じられてもいない活動である。言い換えれば、グリーンゾーンとレッドゾーンの間にあるものすべてである。

われらがウィンストンは、はっきりやるなと言われたこと以外は何をしてもいいと思っている。指示された任務（グリーンゾーン）を遂行するだけでなく、ブルーゾーンの中で最良の結果を出すために必要だと思われることも、すべてやるべきだと考えている。ウィンストンの唯一の行動基準は、プロジェクトのためになることをやらねばならないということだ。そのためには許可を待つことも、許可を求めることもしない。やるべきだと思ったことをやるだけだ。

それだけではない。ウィンストンは、レッドゾーンで行動させてほしいとチームリーダーに働きかけることがある。彼が許可を求めるのは、はっきりやるなと言われたことを許可してほしいときだけだ。

チームにウィンストンがいることは、大きなプラスになる。一緒にいるとひやひやさせられることもあるが、ウィンストンはやり遂げる。その大胆さのおかげで、当初の任務で想定されていたものより革新的で優れたソリューションをつくり出すこともよくある。

ウィンストンの価値は、正反対のベンソンを見てみるとよくわかる。ベンソンはものごとを杓子定規にとらえる人で、明確にやれと言われないかぎりは、何をするにも事前に許可を求めなければならないと思っている。ベ

ンソンにとって、ブルーゾーンは立ち入るべからざる場所である。そうすることに価値があろうがなかろうが、ベンソンがこの境界を侵すことはめったになく、あったとしても明確な許可を求めてからである。

レッドゾーンは、立ち入るなと言われたからには永久に禁断の地であり、異論を唱えることなど考えられない。正式な任務の範囲をはるかに超えるレッドゾーンのソリューションを提案するぐらいなら、黙ってプロジェクトが失敗するのを傍観するだろう。

ベンソンとウィンストンのどちらも、パラドックスを具現している。ひとりは、命令を几帳面に守ることが害になりうることを示している。もうひとりは、善意ある秩序破りに時として価値があることを示している。

「プロジェクトにおけるアナーキーの適正量はゼロではない」
——マイク・マシェット

45

ニュースの改良

悪いニュースが
組織の下から上へ正確に伝わらない。

「おそらく1月は　　「正直言って　　　「1月というのは　　「1月には間に合うと
　ムリです」　　　1月では不安です」　難題だとは　　　　自信をもって
　　　　　　　　　　　　　　　　　　思いますが……」　ご報告できます」

チームリーダー　　プロジェクト　　　アプリケーション　　　CIO
　　　　　　　　　マネジャー　　　　マネジャー

　組織によっては、悪いニュースがまったく上へ伝わらないことがある。それ以上に多いのが、悪いニュースが1階層ずつ上がっていくたびに改良されるケースである。上記のような例を考えてみるといい。

　ニュースの改良は破壊的なパターンである。意思決定者は必要な情報を奪われるため、誤った決定を下したり決定の機会を逃したりすることになりかねず、必要以上に悪い結果をまねく。情報が正しく流れていれば避けられたはずの誤った決定の有名な例はいくらでもある。過去四半世紀では、おそらく1986年1月28日にスペースシャトル・チャレンジャー号を打ち上げたことが、このパターンを最もよくあらわす決定である。

　ダイアン・ヴォーン著『チャレンジャー打ち上げ決定』[*1]によると、モー

[*1] Diane Vaughan, *The Challenger Launch Decision: Risky Technology, Culture, and Deviance at NASA* (Chicago: The University of Chicago Press, 1996).

トン・チオコール社のエンジニアは、固体ロケットモーターのセクション間をシールするOリングの低温下での性能に不安があるため、打ち上げを取りやめるべきだと勧告した。マーシャル宇宙飛行センターの高官がチオコールの勧告を批判すると、チオコールのシニアマネジャーはエンジニアの勧告を撤回し、打ち上げを承認した。チオコールが最初に低温下での打ち上げを中止するよう勧告したことは、マーシャルのマネジャーからNASAのシニアプログラムマネジャーに伝えられなかった。異常な寒気のなか打ち上げを敢行すると決定したことが、乗組員の死と宇宙船の破壊につながった。

ありがたいことに、ニュースの改良のあらゆるケースがこのような悲劇をまねくわけではない。プロジェクトにこのパターンが見られる場合、最も典型的な徴候は「驚き」である。典型的な結果は、期日に間に合わなかったり、期待どおりのものができなかったりすることだ。

プロジェクトを「驚き」が襲う前には、次のようなことがある。開発が数カ月間続き、何度かの中間成果物も無事に完成し、出荷を約1カ月後にひかえて新システムはテストの最終段階に入る予定である。最終開発作業の計画会議のあと、プロジェクトマネジャーは、システムの出荷準備が整うまであと1カ月の追加作業が必要だと報告した。言うまでもなく、これを聞いたシニアマネジャーは仰天する。どうしてチームはこんなに予定の期日が近づくまで、間に合いそうにないとわからなかったのだ？

普通は、チームのメンバーの多くは、期日が非現実的であることをずっと前から知っている。直属の上司にそう訴える場合もあるし、自分たちの進捗報告書に懸念をあらわす場合もある。ところが、現場からシニアマネジャーまでのどこかで、メンバーのスケジュールに対する懸念は、プロジェクトの報告の流れから振るい落とされてしまう。

悪いニュースを隠すと、解決できる問題が解決できない問題になってしまうことがある。びっくりするような遅れをどうにかできる可能性のある少数の人（リソースを動かす権限があり、プロジェクトに対する外部の期待を変えることのできるシニアマネジャー）には、プロセスも終盤にさしかかり、

あらゆる選択肢がなくなるまで、修正措置をとる機会が与えられない。こなすべき仕事の量と、与えられたリソースや時間のアンバランスを早い段階で知っていたら、土壇場になって遅れを出すことのないよう、早い段階でリソースを増やしたり、プロジェクトのスコープを変更したり、スケジュールを延長したりできたはずだ。悪いニュースをすぐに聞いたとして、問題に対処する気があったかどうかはわからないが、聞いていない問題に対処できないことはたしかだ。早い段階で注意を喚起することが重要だ。

それでは、なぜこのようなことが起きるのか。最もよくある原因は恐怖である。誰だって、大事にしている人やものについて悪いニュースを聞くのは楽しくない。悪いニュースに嫌悪感をいだくのは人としてごくあたりまえの反応だが、マネジャーがそれを露骨にあらわしたり、さらには、そのニュースを報告した人にぶつけたりすることが多い。このような行為に対してわれわれは「伝える人を恨むべからず」という呪文を唱えるのだが、効き目のないことも多い。組織の経営者文化として、悪いニュースを伝えた人が災難にあうことが言葉より行動によって示されていると、ニュースの改良は避けられなくなる。

経営陣のせいで生じるニュースの改良には、少なくとももうひとつのタイプがある。メンバーは通常、プロジェクトが困難な状況にあることを前から知っているが、それを証明できるまでに時間がかかる。文化によっては、目標の期日に間に合いそうにないと宣言するメンバーがいると、「どうしてできないなどと確信をもって言えるんだ？」と聞き返される。また泣き言だとか臆病者だなどと思われたくないため、メンバーは、惨事が誰の目にもあきらかになるまで（そして、避けられなくなるまで）*2 黙っている。

組織の中で悪いニュースをすばやく正確に上へ伝えられるようにするには、どうしたらいいだろうか。解決の大部分はマネジャーにかかっている。マネジャーは、悪いニュースはすぐに知りたいと宣言するだけでなく、そのように行動しなければならない。そのためには、少なくとも、悪いニュー

＊2　パターン46「真実はゆっくり告げる」を参照。

スへの対応を2つに分けることだ。(1) どう対処するかを決定し、(2) 何が原因かを考える。先に(1)を考えること。すぐさま間違いが起きた原因の調査にとりかかってはいけない。悪いニュースを伝えた人も含め、チームが「回復」プランを思いつき、それを行動に移せるようにすることに集中すべきである。建設的な修正措置に重点を置けば、組織による批判や懲罰とは受け取られにくいため、将来、悪いニュースが隠されたりゆがめられたりする可能性は低くなる。同じような災難が起きないよう、根本原因を分析することもいずれは必要だが、それは状況を正したうえでのことだ。その頃には、人びとが過剰に身構えることもなく、悪いニュースにも改良などせず向き合えるはずだ。

46

真実はゆっくり告げる

企業文化の圧力のせいで、
人びとは不快な情報を隠すようになる。

　1994年、ビル・クリントン大統領はマイク・マカリーを報道官に任命した。当時、マカリーはすでに記者団にはよく知られた人物だった。最初の記者会見で、ある記者が「これからは報道官として、うそはおっしゃいませんね」と質問した。マカリーは「もちろん。ただ、本当のことはゆっくり言いますよ」と答えた。
　プロジェクトマネジャーやチームメンバーは、次のような理由から、真実をゆっくり告げる場合がある。

- 自分が発表した問題に責任をもちたくない。企業文化として、散らかっていることに気づいた者が片づけろという空気がある。

「ボス！ あの古いバックボーンシステムで同時使用ユーザー数を3

倍に増やしたせいで、パフォーマンスに重大な問題が起こりそうです」
「そのとおり、スミザーズ。問題が起こらないようにしろ」

- 次にくるとわかっている質問に答えられない。すぐに対策を提案できないのに問題を持ち出すのは泣き言だと思われ、多くの組織では泣き言を言う人間のキャリアは限られる。

「ボス！　このプロジェクトは遅れそうです」
「どれぐらい遅れるんだ、スミザーズ」
「ボス、わかりません」
「また泣き言か」ボスは小声でつぶやく。

- ほかの誰かがもっと大きな問題を暴露し、自分たちの問題が影に隠れるのを待っている。これは「誰かが先にびびるだろう」式のキャリア管理法からきている。

「今日プロジェクトの全チームリーダー会議を招集したのは、ここにいるスミザーズが、自分のグループは少なくとも2カ月スケジュールから遅れていると知らせてさたからだ。正確なところはわからないそうだから」ボスはここでため息をつく「安全を見込んで、納期は正式に4カ月延ばすことにする」
　チームリーダーたちが大声で言う。「なんてことだ、スミザーズ。ところで、余分な時間ができたら、いつでもテストに使える。スミザーズ、ラルフのグループの新人を貸してやろうか」

チームリーダーたちの本音は、次のとおりである。

「スミザーズがやりやがった。あいつはいくじなしの負け犬だ。この4カ月を使って、おれたちの隠している遅れもどうにかなるとい

いが」

　スミザーズが長く生き残れたとしたら、すぐに真実を話したらつらい目にあうだけだと学ぶはずだ。組織はすぐに真実を知りたくなどない、できるだけ長く幸せにひたっていたいのだと学ぶはずだ。真実はいずれ知れるが、組織はその日がきてから「対処する」ことを望んでいると学ぶはずだ。その日まで、会社のやり方を学んだスミザーズは、真実はゆっくり話すことにする。

　　　自分の問題を他人の問題の影に隠すことを、「スケジュール・チキン」
　　と言ったりする。

47

エンドゲームの練習

チームは、開発期間中一定の間隔で、
つくりかけの製品をリリース基準と照らし合わせる。

　新しい講習コースの初日。講師は生徒に挨拶し、今後の授業の進め方を説明する。最後に、「学期末を待って最終試験を行うつもりはありません。期間中、2週間おきに試験をしたいと思います。もちろん毎回同じ最終試験ではありませんが、同じ題材をだいたい同じようにあつかいます」

　変わっていると思われるかもしれないが、このやり方は、われわれが「エンドゲームの練習」と呼ぶ方法によく似ている。

　このアプローチの魅力を理解するために、実に多くのソフトウエアプロジェクトで起こること、「最終確認レビューのフォークダンス」と比較してみよう。これは、一連の動きとともに進んでいくのが通常である。

- **リリース基準定義中の先送り**　「出荷日はまだ何カ月も先だし、最終確認レビューがあるのは出荷予定日の1週間前かそこらだ。それより今はほんとうに急いでやるべきことがある」

- **レビュー前の避難訓練**　「なんてこった、レビューまで2週間もないじゃないか。あのリリース基準はどこへやった？　どれぐらい基準とずれてるんだ？　おい待て、どうやってそれを測定すればいいんだ？」
- **厳粛な最終確認レビュー儀式**　レビューから出荷日までが近すぎて、重大な問題があれば間に合わなくなることは全員が知っている。「本格的な修正を行う時間は残されていない」。つまり、「出荷できます」と宣言する以外にないことを全員が理解している。欠陥が多すぎるって？　そんなものはサービスパックに回せ！
- **レビュー後の避難訓練**　儀式の成功が宣言されたあと、心配になった数人が集まって、リリース基準とのギャップのうち特に凶悪なものをどれか、益より害が多くならない程度に出荷日までにどうにかできないものかと相談する。
- **身につかない教訓を嘆く**　誰にとっても楽しくない結果だった。みんな次はもっとうまくやろうと誓う。ところが、次は何カ月か先だし、それより今はほんとうに急いでやるべきことがあるから、次のリリースにとりかからなくてはいけない。

　たいていのフォークダンスと同様、チームの文化によって違いはあるが、どのケースでもこの説明と同じような点が1つや2つはあるはずだ。

　エンドゲームを練習するチームは、プロジェクトの早い段階でリリース基準を作成する。次に、製品がリリース基準を満たしているかどうかを評価するために必要なテストを開発する。開発のイテレーションが完了するたびにこれらのテストを実行し、そのあとで簡単な確認レビューを行う。

　このアプローチの利点を考えてみよう。

- チームは開発のどの段階でも、製品を出荷するための残りの作業にあらためて専念できる。
- 以前満たしていた基準から後退した場合、早い段階で気づくことができる。

- 途中でリリース基準を見直す機会が何度もある。

　このプロセスは面倒かもしれない。リリース基準のなかには、開発の早い段階で有効に測定することがかなり難しいものもある。しかし、大きく「未定」と書いておくだけでも、「おい、パフォーマンススイートはいつから実行するんだ？」といった役に立つ質問を引き出すことになる。

48

ミュージックメーカー

IT組織には、音楽をたしなむ人が偏在し、
極端に多い場合もある。

現代社会において楽器を演奏できる人がどれぐらいの割合でいるかは知らないので、あてずっぽうではある。しかし、あるパターンは見えると確信している。IT業界にはミュージシャンの数が妙に多く、あきらかに音楽好きが群がっている組織もある。

われわれアトランティック・システムズ・ギルドのメンバーは、1年間にひとり数十社のIT企業と接触する。雑談をしていると、われわれとやりとりする人びとのなかには、かならず驚くほど多くの音楽人がいることがわかる。その数は日常生活で出会う人数よりはるかに多い。このことは、音楽の基礎が数学的、論理的であることや、技術思考の人間に訴えるものがあることに起因しているのかもしれない。ITのデジタルな性質と、音楽そのもののアナログな性質の対比がすばらしいのかもしれない。あるいは、単なる偶然かもしれない。

音楽的才能にあふれている組織もある。次の話などはその典型だ。

私の大好きな例は、ランドマーク・グラフィックス社の年に 1 度のソフトウエア会議だ。そこにはあらゆるソフトウエアプロジェクトのメンバーが、この 1 年間に何をしたかを話しに集まってくる。会議のなかには、運営委員が仕切らない時間帯がある。すべて従業員の手による音楽、歌、ダンスの時間だ。ホテルのあちこちにバンドがあらわれ、そのどれにも属していない人は、廊下を歩き回って好きな音楽を探せばいい。どのバンドもすばらしい。ランドマークの何人かのミュージシャンは、ドラマーがカルガリーにいて、ほかのメンバーはヒューストンにいるため、練習するのが大変だと話してくれた。それでも困難を乗り越えて集まり、年に一度の会議の晩にみごとな音楽を披露する。

―― TRL

　インフォバイド・マトリックス社のボリス・ストカルスキー（このパターンの写真でマイクの前で歌っている人物）は、こんな話をしてくれた。

　「インフォバイド・マトリックスのオフィスでは、夜遅くまで明かりがついている。ありえない納期と戦う絶望的なストーリーや、翌日の大事な顧客向けプレゼンテーションのスライドショーの用意を想像するかもしれない。ところが、実際そこにあるのは楽しさと友情、それにちょっとした騒音。ある銀行の IT 局長のウォイテクは、ドラムセットを直している。優秀なソフトウエア品質コンサルタントのルカースは、ベースで新しいリフを試している。敏腕プロジェクトマネジャーのパウエルは、愛用のギブソン・レスポール・シュプリームをチューニングしている。大手ソフトウエアベンダーのアライアンスマネジャーのエイダンはまだ姿を見せないが、到着したら、そのアルトサックスは今夜試演するはずの作品にすばらしい音色を加えてくれる。IT ガバナンス・コンピテンスセンターのマネジャーであるグレゴとぼくは、ギターのアレンジのこまかいところを話し合っている。ステージにギターが 3 人もいると、音がごちゃつかないように多少の打ち合わせが必要だ。ぼくらは練習して、ちょっとしたギグの

機会があれば演奏する。純粋に音楽とステージ演奏の楽しみのためだけに。これがアフターアワーズ・ロックというジャンルなんだ」

シリコンバレーでは、オラクルの開発担当副部長のビットリオ・ビアレンゴも、トリオやクインテットで演奏するソフトウエア業界だけのコンボ、Jam4Dinner を率いている。このバンドの演奏は、何曲かネットで入手できる。

自分の組織で周囲にたずねて、音楽家の同僚が何人ぐらいいるか確かめてみよう。オーケストラがそろうと約束はできないが、弦楽四重奏やロックバンドぐらいは集まるはずだ。ぜひ結果を iPod へ。

49

ジャーナリスト

ジャーナリストは、正確に報告するという目標を、
プロジェクトの成功という目標から
切り離してしまうプロジェクトマネジャーである。

　プロジェクトマネジャーは、プロジェクトの本当の状態を理解し、それについて正確に報告しなければならないことを知っている。ところが、マネジャーは、何のためにプロジェクトの状態に注意を払うのか、その理由を見失うことがある。「プロジェクトが目標を達成するため」という理由を。そして、つねにプロジェクトの状態を正確に描写することを自分の目標とする。要するに、ジャーナリストになってしまうのだ。プロジェクトのジャーナリストは、映画評論家[*1]と同じく、無意識にであれ、たとえプロジェクトが失敗しても自分は成功できると思っている。

　航空機事故についてレポートするジャーナリストの場合を考えてみよう。ジャーナリストは、どの飛行機が墜落したか、いつどこで墜落したか、何

[*1] パターン19「映画評論家」を参照。

人搭乗していたか、生存者はいるかといった情報を正確に報告する責任を感じている。事故を防げなかったことに対する罪の意識などない。それは誰かほかの人の仕事だ。

　ジャーナリスト型のプロジェクトマネジャーも同じである。その報告書は、明確、正確、詳細という点では模範的である。受注サブシステムがどれだけ遅れているか、あと何日でクリティカルパスを抜けるか、それが受注サブシステムに依存する下流の業務にどのように影響するかを正確に把握している。しかし、きわめて重要なことを見失っている。自分の役割は、プロジェクトを成功裏に終わらせるためにあるということを。パイロットの最大の目標が乗客全員の生命を守ることであるように、プロジェクトマネジャーは何よりもまず、プロジェクトが正しい目的地に期日までに安全に「着陸」できるようにするべきである。その過程で正確に報告することは、これらの目標を達成するための1つの手段ではあるが、目標に取ってかわるものではない。

50

空席

ユーザーエクスペリエンス全体を考え、
コンセプトの統一性をはかる人がいない。

以前、セキュリティシステムを開発している会社と仕事をしたことがある。その会社の新世代の製品は、タッチスクリーンインタフェースに加え、音声による入出力機能を備えた小型装置になるはずだった。このため、経営陣は２つのユーザーインタフェースチームをつくった。タッチスクリーン担当のチームと、音声インタフェース担当のチームである。これらの２つのチームは別々の都市で機能リストをたよりに作業し、その装置がサポートしようとするビジネスプロセス全体について考えることはしなかった。外からこのプロジェクトを見れば、２つのチームの間でもっと話し合いをしていれば、はるかにうまく２つの技術を生かせたであろうことは一目瞭然だ。

―― JSR

会社が新しい開発契約を獲得し、自分はプロジェクトマネジャーに任命されたと想像してみよう。必要なスキルや経験はすべて持ち合わせているから、この仕事はできるはずだと考える。まず、社内の各部門の間で、あるいは、社内の部門とある関連技術領域を専門とするパートナー企業との間で、さまざまな必要なスキルに応じて業務を分配する。各業務に配置した有能なサブプロジェクトマネジャーは、積極的に任務を引き受けた。

　各サブプロジェクトチームは、自分たちに割り当てられた作業を喜んで引き受け、プロジェクト全体の目的を理解し、それぞれの領域の中ですばらしい仕事をする。かれらがプロジェクトマネジャーのところへ来るのは、時間や資金を増やしてほしいときか、その他のリソース関連の問題が起きたときである。各サブチームは地理的に離れた場所で作業しているが、チーム間の作業の割り当てはきちんと文書化してあるので、心配はいらない。形式どおりに協力し合い、インタフェースについて交渉し、中間結果を共有する。

　顧客は対象領域について詳しいドメイン情報を提供してくれるが、サブプロジェクトごとに別々のドメインエキスパートが任命される。そして、これらのドメインエキスパートは、仲間の誰が同じプロジェクトの別の部分で仕事をしているかも知らないことがある。

　プロジェクトの指揮をとるプロジェクトマネジャーと顧客組織のトップマネジャーは、緊密に協力して期待値を管理し、多数のサブチームの進捗状況を追跡する。

　それでも、ユーザーから見てあまり役に立ちそうにない製品ができることは確実だ。何がいけないのか。

　このプロジェクトには1つ空席がある。多くのプロジェクトは、〔ユーザーの立場に立って、製品が完成したときにビジネスプロセスがスムーズに機能するように考える〕という任務を負った人がひとり足りないために、本当の成功をおさめることができない。この人物は、プロジェクトが全体として顧客のビジネスにとって最高の結果をもたらすよう、細部にいたるまで気を配る。

この人物とはプロジェクトマネジャーのことではない。プロジェクトチーム全体のリーダーのことでもない。ひとりの部下ももたない場合もあり、予算やスケジュールについてもほとんど責任を負わない。ターゲットとなる環境、とりわけユーザーと製品がどのように関わり合うかということだけに神経を使う。

　この人物の肩書はさまざまである。プロダクトマネジャー、システムアーキテクト、ビジネスアナリストなど。ソリューションの細部に気を配る仕事であるため、技術プロジェクトマネジャーと自称する人もいる（これに対して全体のプロジェクトマネジャーは、予算、人材、スケジュールをあつかう）。肩書はどうあれ、このような人物はどのサブチームにも属さない。すべてのサブチームを管轄する。

　このような人物は、顧客サイドにいるだけで十分な場合もある。顧客組織の誰かがいつもサブプロジェクト間の協調具合について質問してくるなら、開発サイドに同じように一元管理を担当する人がいなくても、プロジェクトは成功する可能性がある。

　既存の製品を統合するプロジェクトには、このような空席が特に多い。このため、技術面の統合を中心にプロジェクトが進められ、こまかなビジネスプロセスの統合、ユーザーインタラクションの人間工学、画期的なシナジーにつながる創造的アイデアなどは無視される。

　プロジェクトチームのテーブルのまわりを見回してみよう。空席はないだろうか。

51

いとこのビニー

チームのメンバーは、自分たちのアイデアを評価し改良しようと議論する。猛烈に議論するが、恨みは残さない。

　人類は言葉を使い始めると、まもなく議論を始めた。それ以来、すべての議論が有益だったわけではない。議論に参加した人にとって利益があったかどうか大いに疑問なものも多い。それでも、古来、善意ある人びとはアイデアを正当化する手段として議論や討論を行い、時にはその過程でアイデアを改良してきた。

　チームのメンバーは、自分たちのアイデアや提案をめぐっていつも議論する。アイデアを探り、何をするべきかコンセンサスに達するための手段として議論を使う。議論によって人を納得させられないアイデアは、採用される可能性は低い。しかし、議論によって懐疑派を納得させられれば、そ

※ 写真はジョナサン・リン監督、1992年公開の映画『いとこのビニー』より。演壇でモナ・リサ・ビトが弁護士のビンセント・ガンビーニと議論している。この映画のほかの場面より。「スタン、聞いてくれ。ガンビーニたちのようすを見ろよ。つまりだ、この連中は議論するのが好きなんだ。議論するために生きてると言ってもいい」

のアイデアの熱心な支持者が増えることはまず間違いない。議論の過程でアイデアの欠陥があきらかになった場合、時間が許せば、チームメイトは通常その修復にとりかかる。あるアイデアについて討論していると、議論のやりとりの中から新しい議論が発生するにちがいない。

議論の目的は、相手を納得させることと、その一方で自分を納得させることである。ほかの人を納得させたければ、必然的に、アイデアをしっかりまとめて言葉にする必要がある。つまり、アイデアについてもう少し深く考え、これから始まる猛烈な議論、そして世間の厳しい目に耐えうるものかどうかを考えなくてはならない。誰でも議論をするときには物がわかっていると思われたいため、合理的にきちんと組み立てられたアイデアを提示するよう特に気をつける。

このパターン名の由来となった主人公は、才気あふれる議論によって裁判に勝った。ビニーの展開した弁論と検察に対する反論は、陪審員を納得させるに十分だった。プロジェクトでも、役に立つ議論というのは、たいていのオフィスで行われているような、どのフットボールチームが最高だとか、MacかWindowsかといったつまらない言い争いではない。開発中のシステムを進化させる中身の濃い議論である。どの設計が最も要求に合っているか。どの程度のセキュリティがあれば、格納した情報の安全性を確保しながら必要なアクセスが可能になるか。また、権限のあるユーザーによる誤用と、外部からの侵入とでは、前者の方が多いから優先的に防止するべきか。これらは、プロジェクトチームが直面するさまざまな問題と同じく多面的な要素をもつため、最高の結果を出すためには、繰り返し提起して議論する必要がある。

なかには壮大なスケールの議論もある。たとえば、製品全体のルックアンドフィールを決めようとする議論である。マーケティング担当者は、クールですっきりした外観を支持する。ユーザビリティのエキスパートは、よく使う操作を行いやすいように、コントロールを目立たせるべきだと言う。開発者は、お気に入りの機能を支持し、エレガントに実装できそうにないと思うものにはとにかく反対する。

スケールは小さいが、重要な問題に関する議論もある。ディスクアクセスルーチンの命令の数を減らす最適な方法に関する議論に、思わず聞き入ったことがある。おかしなことに、この議論の参加者は自分の机の前に座ったまま、まわりの席の人とパーティション越しに話していた。

―― JSR

　良い解決策を求めて議論するメンバーは、お互いを尊重している。お互いのことが好きだと言ってもいい。そうでなければ、生産的な議論はできない。議論が流れているとき、チームのメンバーは、自分たちのアイデアを議論し精査することは攻撃ではないと知っている。最高の製品を効率的な方法で完成させようとしているだけだ。ところが、経営陣やチームリーダーの発言は、たとえ好意的でも、悪意がなくても同じようには受けとめられない。仲間うちだからこそ安全なのだ。チームのメンバーは、その議論が個人的なものではないこと、上下関係を確立するためでも、個人の知識をひけらかすためでもないことを知っている。議論の相手がいとこのビニーだとわかっているのだ。彼は議論することによって相手のアイデアを試し、進化させようとしている。

52

機能のスープ

製品にはバラバラな機能がぎっしり詰め込まれるが、
その多くは、顧客の本当のビジネスニーズにはほとんど役に立たない。

「すてきなスープ　たっぷり緑
あついおなべでよってるよ
だれがのまずにいられるかい
夕げのスープ　すてきなスープ」
　　　　　　　──ルイス・キャロル『不思議の国のアリス』*1

　始まりは何ということはない。マーケティング担当者のひとりが、顧客からプルダウンメニューを1つ追加してほしいと言われる。次に、製品にエクスポート用のインタフェースを追加してほしいという要求が届く。さらに、プロダクトマネジャーは新しい分析レポートを追加したいと考え、

＊1　ルイス・キャロル『不思議の国のアリス』矢川澄子訳、新潮社、1994年、148頁。

データベース管理者は、データベースにもう1つフィールドを追加するのと、背景色を変更できるようにしてほしいと言う。これらをはじめ、製品に組み込んでくれというさまざまな要求が開発者のもとに届く。追加のたびに製品の機能はふくらむが、しばらくすると、マーケティング、顧客、開発の誰も、これらすべてのピースがどのように組み合わさり、どのようにビジネス目標の達成に役立つのかわからなくなる。特定の目的を満たすために始まったはずのプロジェクトが、無関係の機能が詰め込まれて飲めないスープになってしまった。

さらに、それぞれの関係者が製品の要求に対して違った見方をしており、一貫した共通のつながりがないため、状況はますます混沌としてくる。マーケティング担当は、かならずしも機能のかたまりごとではなく、市場向けの特徴ごとに要求を分類する。開発者は、使用する実装技術にしたがって要求を分類する。顧客は、自分個人の仕事の断片を基準として要求について考える。これら無関係の要求の影響として、誰も一貫性をもって進捗状況について話すことも、変更について決定を下すこともできない。首尾一貫したテーマがないため、製品のリリースについて、何らかのテーマにしたがって折り合いをつけることができず、製品は小技を雑然と詰め込んだものになる。

では、なぜこれほど多くの製品が機能のスープになってしまうのか。この状況は要求の源、すなわち人から始まっている。

人は普通、自分の要求が最も大事だと考える。同じ組織でも場所が違ったり顧客が違ったりすれば、自分たち独自の機能がほしくなる。それを要求するときに、ビジネス全体の整合性を考慮していなかったとしても驚くことはない。それはアナリストの仕事だ。

断片的な要求が届くと、アナリストはそれらを関係するビジネスプロセスに対応づける必要がある。この対応づけの結果、人びとは変更案が自分の仕事にどのように影響するのかを理解できる（そして時には驚くことになる）。この分析は、アナリストにとって、人びとがほんとうに必要としているものは何か、また、この変更はほんとうに役に立つのか、それともスー

プにまた1つ機能を放り込むだけなのかを知る手がかりとなる。

　機能のスープをつくるもうひとつの要因は、設計者が、既存の製品との全体的なつながりを考えずに新しい機能を盛り込むことである。設計者は、「これは宣言されたスコープの範囲内だろうか？」「既存の製品とのインタフェースは？」「すでにある機能と重複したり、混乱が起きたりしないだろうか？」と考えるべきである。

　繰り返しこの問題に対処し損ねていると、無関係の断片をはぎ合わせた製品ができる。無関係の機能をもたらす要求の特徴は、何がスコープの範囲内で何が範囲外か、客観的な定義がないことである。そのため、さまざまな方向から余計な要求が入り込みやすい。そして実際に入り込む。製品が断片化されるほど、製品を評価して筋の通った変更を加えることは難しくなる。悪循環が続くのである。

　スープを免れている組織には、いくつか共通する特徴がある。

- 何がプロジェクトの目的で何が目的でないか、可能なかぎり早い段階で明確に定義している。
- プロジェクトのスコープを、入出力データの正確な定義と対照して宣言し、つねに更新している（パターン24「白線」を参照）。
- 明言された目標に寄与せず、プロジェクトのスコープの範囲外であることがあきらかな要求は、鉄の意思をもって拒否する。
- 新しい要求は、承認・変更・追跡という一連のプロセスを通して、その過程で、プロジェクトの目標と比較評価する。

　機能のスープを避けるには、自制が必要である。また、スープになって困るのは断片的な機能を要求した人ではなく、プロジェクトチーム、つまり自分自身であることを心しておくべきだ。

53

データエラーの真犯人

データの品質がひどい場合がある。
この問題に対して嘆かわしいほどよくとられる手段は、
そのデータを処理するべくもっといいソフトウエアを探すことである。

　　データベースソフトの品質より、処理するデータの品質の方が劣っていることはめずらしくないのだが、エンドユーザーの目から見れば、数の少な
い方がシステムの品質低下の原因である。不正確なデータだらけで、古い情報が残っていたり必要な情報が欠けていたりするデータベースは、そこらじゅうにある。問題があるのはあきらかなのだが、その問題はなかなか見えないことがある。企業にとって、自社のデータ品質の問題は簡単には理解できないし、わざわざよそのデータ品質を面倒みようという人もいない。代わりに企業が目を向けるのは、ソフトウエア＋データの総体の問題である。データよりソフトウエアの方が直しやすいため（データはとにかく多すぎる）、企業はソフトウエアを直すか取り替えようとする。

　　こうしたことにはあまり意味がない。ここでは、なぜそうすべきでないのか、それなのになぜやってしまうのかを説明するべきだろう。その理由の

ひとつは、「ニュースの改良」(パターン45を参照)と関係している。今月の請求書の2.4パーセントが宛先不明で戻ってきたという悪いニュースが上へと伝えられ、1つ上の階層に行くたびに怒りをぶつけられる。「さあ、こいつをどうにかしろ、すぐにだぞ！」

　すぐにと言われた時点で、延々と手作業で直すという選択肢は除外される。漠然とした回答として、ただちに本格的な「データクレンジング」作業が開始される。この魔法のフレーズは、CEOのレベルへと上っていく過程で意味が変わっていく。一番下の階層では、データクレンジングとは、電話をかけ、ネットで検索し、過去のメールや手紙をひっくり返し、誤った住所データを1つずつ訂正することである。一番上では、それはもっとスマートなやり方で、誤ったデータをうまく処理して正しいデータをどうにか取り出すという意味である。資金は上から出るため、少人数のオペレーターによる地道な作業のためではなく、もっとスマートなやり方を開発するために予算が割り当てられるのが常である。

　データが壊れている可能性がある（コンピュータの誤った処理などで）と指摘してみる価値はある。その場合、以前のバックアップバージョンを取り出して破損前の状態に戻すという、少なくともいくらか自動的な方法がある。また、同じデータを複数のシステムに別々に記録している場合、自動データクレンジングによって少しでも正しい方を選べばよい。いずれにしても、自動データクレンジングは、データ冗長性を利用できることが条件となる。冗長性が救済策になる（システムAの住所は古いが、幸運にもシステムBには新しい住所がある）と空想するのは楽だが、実際には、データ品質の低さを自動的に解消できるケースはめったにない。

　しだいにデータ品質が低下する最大の原因は、変更である。「企業データ」と呼ばれる資産に対するこのような損傷は、手作業で直すしかない。それ以外の方法を空想しても、ツケを払うのを先延ばしにするだけである。

54 その名は「ベン」

仕事が絶好調だったり、プロジェクトがおもしろかったり、
製品がクールだったりして、給料よりも仕事そのものが好き、
という人たちがいる。

　ベン（本名ではない）は、CAD ソフトの会社で働いている。ベンはすばらしい数学の才能をもつエンジニアである。通常のプロジェクト業務のほかに、ひとりで解決できない問題（ベンの仲間も優秀な人ばかりなのだから、これは相当手ごわい問題である）を抱えている人たちを手助けする。問題がベンの職務の範囲外であることも多く、ベンのいる部門の範囲でさえないこともあるが、仲間と一緒にしばらく考えるうちに、たいてい良い解決策を思いつく。

　この話の重要な点は、ベンが仕事を楽しんでいることだ。ベンは難しいことをやって成功する。仕事を愛し、仕事にやりがいを感じ、仕事をクールだと感じ、決して金のために働いているのではない。給料が上がったり

ボーナスが出たりすればもちろんうれしいが、ベンのモチベーションを高めているのはそんなことではない。また、ベンは仕事が好きなのであって会社が好きなわけではないが、かといって報酬のためだけに他社へ移ることはない。

　ベンはいたるところにいる。コンサルティングの仕事でも時々出会う。かれらは組織のさまざまな階層にいて、さまざまな仕事をしている。かならずしもチームで一番の熟練者ではないし、一番の高給取りでもない。しかし、ベンに出会うと、その満ち足りた（しかし決してひとりよがりではない）表情と、その日の仕事を楽しんでいる人の落ち着いた雰囲気ですぐにわかる。

　ベンはあつかいやすい（マネジャーにとってもベンがいることは楽しい）が、それ以上にあつかいを間違えやすい。ある鼻持ちならないマネジャーは、部下のひとりが辞めたときに後任を採用しなかった。ベンが仕事好きなのを知っていたので、ベンに仕事を回せばいいと考えたのだ。マネジャーはしだいにベンの仕事を増やしたが、仕事量が耐えられないレベルに達したとたん、ベンは仕事が楽しくなくなって会社を去った。それがベンであったために、会社は最高の人材を失ったのである。

　マネジャーが失ったものは、ベンが失ったものより大きい。ベンはすぐに仕事を見つけられるが、マネジャーがベンを見つけるのは難しい。

　ベンをこまかく監督する必要はない。上司の役割は、ベンがおもしろいと感じる仕事に向かうようそっと後押しし、好きな仕事をする有能な人材の情熱に任せて仕事を完成させることである。

55

ミス・マナーズ

チームの仲間に質問するのは、失礼なことだと思われている。

　批判はすべて個人的なものとしてタブー視される組織がある。どういうわけか、仕事の結果と仕事をした人間がいっしょくたにされる。こんなおかしな論理がまかり通るのだ。「メグの計画を批判することはメグの能力を批判することであり、それはメグ個人を批判することだ。メグの批判はしない。そんなことをすればメグの感情を傷つけ、メグを批判したことで私がほかの人から批判されるきっかけになる」

　これは単純な批判だけの話ではない。レビューや評価といった間接的な批判にまで及ぶ。「すばらしい」未満のレビューはすべて、その場にいる全員にとって社会的に不快なこととみなされる。

　このような誤った礼儀の結果、平凡なものしかできなくなる。大幅な改良は考えにくく、一からのやり直しや書き直しはまずありえない。それが最良の方法であっても、誰も「このコードは捨ててフロントエンド全体を考え直そう」とは言いださない。

　誤った礼儀の原因は、組織のどこか上層からの、公言はされないが明確

なメッセージである。それは礼儀正しさを装った弱気である。

「私たちはいつもお互いに礼儀を守るよう最善を尽くしている」と言えばもっともに聞こえるし、たいていの健全な組織では賛同を得られるだろうが、ミス・マナーズの職場では、このルールには隠された意味がある。「批判は許しません。批判が始まればそれは拡大する可能性があり、私たちの文化はそのような自己反省が利益になるほど強くはないからです。どの決定が最高でどの決定が最悪だなどと証明はできないのだから、すべての決定を四の五の言わずに受け入れなさい」

ミス・マナーズの組織は、すべてうわべだけで本当の顔が見えない。そこにいる人びとは、一日中仮面をつけることを強いられている。

56

知力の集中

1つのプロジェクトにフルタイムで参加すると、
個人のパフォーマンスは向上する。

デレク・ジャコビは、ロンドンはウエストエンドの『ブレイキング・ザ・コード』の舞台でみごとにアラン・チューリングを演じたとき、上演期間中この舞台のみに専念した。いくつもの役を引き受けることなく、この演目だけにすべての知力と注意力を注いだ。せりふを覚え、ほかの役者と稽古し、チューリングの人生について調べ、どうすればこの稀代の数学者、論理学者、暗号研究者の姿を描きだせるかを決めた。そして毎夜この役を演じた。

この劇場の文化では、一度に1つの演目に精力を傾けるデレク・ジャコビのような俳優の作品が成功する。ソフトウエアプロジェクトの文化も、同じように開発者が1つの仕事に投資したときに成功することが多い。

雇用主が知的労働者を採用するのは、その能力と知力から利益を得るためである。たとえば、あるスペシャリストを採用し、その〔最大知力生産レート〕が1時間100単位であったとしよう。雇用主は、スペシャリストに最

大レートで作業させるために、できることはなんでもしたいと考える。目に見える面では快適な空間を提供し、集中できる時間を最大化するためにツールや支援といったインフラを整える。次に、常時1つのプロジェクトに取り組む任務を与え、スペシャリストは集中力を高めて最大限の知力で働く。たとえば、最大レートで40時間働いたとしたら、4000知力生産単位の成果があがるとする。雇用主は、採用した頭脳から利益を得るためにあらゆる手を尽くす。

この処置によって得られるものは、「知力の集中」である。それは、最大知力生産レートと1つのプロジェクトへの集中の相乗効果である。

並行して複数のプロジェクトに参加する労働者は、最大知力生産レートを維持できない。知力単位に、マルチタスクのために支払う代償が生じるからである。プロジェクトAからプロジェクトBに頭の状態(コンテキスト)を切り替えるには、プロジェクトBの状況を理解するために知力を使う。プロジェクトBに使うべきファイルをすべて見つけ、プロジェクトAに関することを頭から一掃し、プロジェクトBのメンバーとふたたび連絡をとりあい、以前思考したことを頭に刻み直す。これらはすべて、頭をプロジェクトB向けに切り替えるために必要な手順である。

> 「2つのことを同時にやるのは、IQを半分にするのと同じだ。そして、その40ポイントが実に大きな違いになる」
> ——デール・ドーテン『ニューヨーク・タイムズ』(2007年4月29日)

最適な状況で生産性の損失を最小限におさえられるのは、一貫性のあるドキュメンテーションを使って、短時間で頭を切り替えられるからだ。しかし、文書化されておらず、プロジェクトに参加するメンバーにもよくわからない知識についてはどうだろうか。エンジニアが効率的に働くためには、顧客や上層部との過去の協議内容、プロジェクト会議、未解決の問題、そのほかさまざまなプロジェクトの過去の要件を知っておく必要がある。プロジェクトの成果物を見直すために必要な時間のほか、チームのほかのメ

ンバーと関係を確立し直すために必要な時間もある。メンバー同士で日常的に連絡をとりあうことによって、それぞれの経験がつながり、1つに結びつく効果がある。メンバーが不在だったり連絡がとれなかったりすると、この結びつきの効果は薄れる。

コンテキストスイッチのコストを数量化しようという試みもあるが[*1]、関係する要素の数が多いため、推定は難しい。しかし、われわれは人の集中力と情報の移動を観察してきた結果、コンテキストスイッチによって生産性は大幅に低下すると確信している。このコンテキストスイッチと生産性の関係を認識している組織は、ひとりに同時に複数のプロジェクトを割り当てないようにして、知力の集中に努める。

---

*1 ジェラルド・ワインバーグの推定によると、ひとりに3つのプロジェクトを割り当てることによるコンテキストスイッチのコストは40パーセントである。つまり、労働者の時間のうち40パーセントが、非生産的な作業に費やされるということである。残りの60パーセントは3つのプロジェクトに分割される。週40時間の労働時間をすべてのプロジェクトに等分すると考えると、プロジェクトA、B、Cに8時間ずつ費やし、コンテキストスイッチには実に16時間を費やす計算になる。最大で4000の知力生産単位は2400に減少する。参考：Gerald M. Weinberg, *Quality Software Management, Vol. 1: Systems Thinking* (New York: Dorset House Publishing, 1992).
（邦訳　G.M. ワインバーグ『ワインバーグのシステム思考法―ソフトウエア文化を創る〈1〉』大野徇郎訳、共立出版、1994年）

57

「野球に泣くなんてのはないんだ!」

感情を表に出すことを否定する文化は、
対立を水面下に潜らせてしまう。

> ある広告代理店の知り合いから言われたことがある。「ソフトウエア開発のお仕事でしたら、みんなが互いに怒りをぶつけることもなくていいでしょうねえ」
>
> —— TDM

　外から見れば、ソフトウエア業界は感情の発露とは無縁の場所に思えるにちがいない。内から見たら、まったく違う。感情が高ぶることも多く、関係者以外にはとうてい理解できないようなものに情熱的になる。そういう意味では、ソフトウエア開発はほかのさまざまな知識労働に似ている。

　ほとんどの知識労働は、かつては工業専門だった企業の中の比較的新しい現象である。たとえば、AT&Tを考えてみよう。数十年前には、同社の労働者のほとんどは高いスキルを要求されないブルーカラー層だった。現在は、すべて知識労働者である。このような経歴を考えると、知識労働企

業の多くが、職場で感情を表に出すことは許されないという不文律を早くから採用したことも理解しやすい。このルールは繰り返し破られているが、それでもなお続いている。気に入らない決定を知って、会議の場で泣き出したり怒りを爆発させたりした人は、プロらしくないと切って捨てられる。このような人びとは、情緒不安定のため昇進させられないと思われることもある。その結果、情熱と昇進が両立することはなく、成功は難しくなる。

　感情の発露を許すかどうかを判断する際は、仕事を大事にしていなければ仕事に感情が入り込むこともないということを覚えておくとよい。感情を排除したければ、仕事のことなど気にかけない人材を採用することだ。

　自分の仕事に情熱的になれる人をプロジェクトに投入することは、成功の秘訣である。情熱は時に爆発することもあるが、その後始末ぐらいは、高い目標を達成するために支払うべき代償の一部にすぎない。

> 　1992年の映画『プリティ・リーグ』で、トム・ハンクスは、女性プロ野球チームの飲んだくれ監督を演じる。監督が選手のひとりをチームメイトの前でどなりつけると、彼女は声をあげて泣き出す。監督は彼女に向かって叫ぶ。「泣いてるのか？　泣いてどうする。野球で泣いてどうする。野球に泣くなんてのはないんだ！」

58

暴力脱獄

れっきとした対立が「コミュニケーションの失敗」と解釈される。

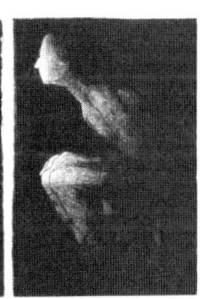

　知識労働に感情的な側面などないと考えるのが誤りであるように、仲間同士の意見の違いを別のもののせいにするのは誤りである。特によく見られるのは、協調に失敗したとき、コミュニケーションの失敗のせいにすることだ。これはまったくのぬれぎぬである。ほとんど自己批判をしない組織でも、自分たちのコミュニケーション技術はお粗末だと進んで認めたりする。コンサルタントをやっていると、時々こうした自己批判を聞かされるが、不思議なことに、そういう相手の話しぶりは非常に明瞭簡潔であることが多い。自分たちはコミュニケーションが下手だと話すときには、人は大変コミュニケーション上手である。

　ポール・ニューマン主演の映画『暴力脱獄』で囚人の前に立ちはだかるのは、懲罰のたびに「意思の疎通（コミュニケーション）が欠けていたようだ」と前置きする残忍な看守である。たしかに、ほかの多くのケースと同様、何かが欠けていたのだが、

※ 写真 "Confrontation 2" by Chaim Koppelman

それはコミュニケーションではない。映画で両者の間に交わされるのは、囚人の不屈の反抗心と、看守のむき出しの激しい嫌悪感である。両者とも相手を完璧に理解している。

次に組織の誰かがコミュニケーションの失敗にふれる場面に出会ったら、その下にこんな字幕がないか見てみよう。「おまえの言ってることはよくわかるが、それが気に入らないんだ」。これをコミュニケーションの失敗と呼ぶことは、人びとの注意を本当の原因〔れっきとした対立〕からそらし、誤った原因に注意を向けさせることになる。その結果、どうせにべもなく拒否されることを伝えるために、苦心して言葉を練ることになる。

この根深い原因は、仕事の場で対立するのはプロらしくないという思い込みがあることだ。次のような理屈である。「われわれはみんな同じ組織のために働いているのだから、誰かがプロしからぬふるまいをしないかぎり、対立があるはずがない」。このような理屈が通るのは、組織にいる人が全員まったく同じ考えの場合だけである。組織は巨大で混沌とした有機体であり、意図した形にとどまらず進化していくものである。そこは対立だらけの世界だ。設立趣意書（わざわざそんなものを書く人がいたとして）にうたわれる価値の中にも、時として両立するはずのないものがある。組織は断固として品質と生産性のいずれも最大化すると主張するかもしれないが、この2つはかならずどこかでバランスをとることになる。さまざまな組織が寄り集まって全体を構成する場合、それぞれの組織が別々の方向へ引き合うこともある。エンジニアリングとマーケティングの角突き合いはよくあることだ。営業と財務もやや歩調が合わないことがある。人事と広報は完璧には調和しないだろう。組織の中に、1～5年先のことを見通している人と、1日～1ヵ月先のことしか考えていない人がいる場合もある。そこらじゅうにれっきとした対立があるのだ。

対立をプロとしてしごく当然のことと考えれば、関係者はコミュニケーションの改善などというごまかしではなく、実証された対立解決手法にたよる。完璧ではないかもしれないが、その方が確実に良い結果が得られるはずだ。

59

期日はかならず守る

チームの自慢は、何があろうとかならず
期日までにリリースを完成させることである。

　たまに、ソフトウエアマネジャーが「うちのチームはかならず期日までに完成させる」と自慢するのを聞くことがある。そのチームが過去に何度か製品を完成させ、開発したソフトウエアが価値のあるもので、100パーセントの確率で予定の期日を守っているとしたら、たいしたものである。
　しかし、かならず期日を守るチームは、遅かれ早かれ、期日に間に合わせるために品質基準を下げることになる。どのリリースでもそうなるとは言わない。しかし、出荷時の品質基準に妥協をしないチームは、いつかは期日に間に合わない時がくる。
　開発サイクルを進むには、絶えず優先順位のバランス調整とリソースの再配分を行っていなければならない。一般に、組織にはプロジェクトの舵を取るための5つの「レバー」がある。

1. 人——誰をプロジェクトに割り当てるか。
2. 技術——チームはどのようなプロセス、手法、ツールを利用できるか。
3. スコープ——どのような機能を開発するのか。どのようなプラットフォームでそれらをサポートするのか。
4. 時間——いつ完成させる予定か。
5. 出荷時の品質基準——出荷するまでに、製品はどれぐらい完全、正確、堅牢である必要があるか。

合理的な計画を立てていたとしたら、プロジェクトの最初からこれらの要素のバランスはとっている。しかし、プロジェクトが進むにつれて変更が生じたり、思ったとおりにいかないことが出てきたりする。そこで、5つのレバーの組み合わせを調節して、プロジェクトが成功への軌道から外れないようにする。

パターン28「[時間]に切り札を奪われる」で述べたように、出荷日が近づくと、レバーのうちいくつかは役に立たなくなってくる。たとえば、次のように。

- 「ソフトウエアプロジェクトの終盤に要員を増やすと、ますます遅くなる」[*1]。人員を増やすと、プロジェクトの時間と、すでに参加しているメンバーの労力の両方を消費する。ゲームの終盤に人員を増やして出荷日に間に合うことはまずない。何かになるとしたら、遅れに貢献するだけだ。
- 手法やツールを変更すると再研修が必要になるため、新しいプロセスやツールを初めて使うプロジェクトが加速することは考えにくい。学習曲線は時間を消費する。

---

*1 Frederick P. Brooks, Jr., *The Mythical Man-Month: Essays on Software Engineering* (Reading, Mass.: Addison-Wesley, 1975), p.25.
（邦訳 フレデリック・P・ブルックス『人月の神話——狼人間を撃つ銀の弾はない』滝沢徹・牧野祐子・富澤昇訳、ピアソンエデュケーション、2002年）

- スコープを縮小することに意味があるのは、縮小する機能をまだ開発していない場合だけである。リリースサイクルには、製品の機能が実質的に完成したという時がやってくる。機能のコードの大部分が書き終わり、あとは安定させるだけという時である。完成した機能を削ってQAの時間を節約すれば、多少は時間を節約できるかもしれないが、サイクルの終盤になると、スコープを縮小する価値はなくなる。

リリースサイクルの終盤に問題が起きた場合、操作できるレバーは、時間と出荷時の品質基準の2つだけである。プロジェクト運営がうまくいっていれば、終盤に見つけた問題が大問題になることはないが、それでも軌道修正が必要になることはある。

本気で毎回かならず期日を守ろうと思うなら、残された軌道修正の方法はただ1つ。出荷時の品質基準をゆるめることである。

60

フード++

プロジェクトチームのメンバーがいつも一緒に食事をとり、
可能なら、チームで計画して調理する。

　すばらしいアニメ映画『千と千尋の神隠し』の監督は、制作中に、アニメーションチームのペースを上げなければ夏の公開に間に合わないことに気づいた。チームは、最良の方法はもっと長時間働くことだと考えた。
　全員が遅くまで働いていたある晩、チームのアーティストのひとりが、スパゲッティ・アマトリチャーナの調理を買って出た。まだ働いていたメンバー、それもかなり大勢が一緒にそれを食べ、これは楽しいということになった。次の晩は別のメンバーが全員の夜食をつくり、その次の晩はまた別のメンバーが調理した。こうしてチームの伝統が生まれた。
　毎晩、チームの誰かが全員分の夜食を用意した。宮崎駿監督も腕を振るい、おいしい麺料理をつくった。ほかの全員のために料理をするというこのシンプルな行為が人びとに活気をもたらした。アニメーションチームは

期日に間に合い、映画は予定どおり公開された。

　調理して、食事をしながら会話をして、後かたづけをするという食べ物をめぐる儀式が、参加者全員の結びつきを強めた。

　知り合いのあるチームは、食事にこだわっていた。昼時になると、数人のメンバーがカフェテリアのテーブルを並べ替え（これは厳密にはカフェテリアのルールに違反するのだが）、16人のチーム全員が一緒に座れるようにする。場所が確保され、チーム全員が席について一緒に食事をするまで、ほかの人には立ち入らせない。

　このチームメイトが一緒に食事をするのは、プロジェクトマネジャーに言われたからではない。それがチームというものであり、一緒に食事をし・・・たいからだ。

　差し迫った締め切りに間に合わせるため、遅くまで残業する必要があるときは、急ぎの仕事のないメンバーがスーパーマーケットで食べ物を買ってくる。家に帰ってもよいのだが、残業組のために食料を調達し、一緒に食べるために残っている。

　食事を計画して調理するとき、チームには魔法のようなことが起きる。まず、材料を集めるという冒険がある。ファーストフードを買うのではなく、入手しにくい材料を要求してわざわざ難しい準備を楽しむチームもある。次に調理だ。料理の腕前がある人が難しい調理を担当し、下働き担当が単純な作業をする間に、ほかの人がテーブルの用意を整えたりする。

　完成した料理はチームの製品である。「これを組み立て、一緒につくり上げ、これから楽しく食べるのだ」と、共に食卓を囲むチームのみなが考える。いつまでも漠然と続くプロジェクトに取り組むチームにとって、この「プロジェクトの中のプロジェクト」は、すぐに完成して味わうことができるものだ。

　食べ物が人を結びつける例は、世界中に出現しているカフェソサエティにも見られる。人びとは喫茶店で定期的に仕事のミーティングを行う。ノートパソコンや書類がカプチーノやクロワッサンとテーブルのスペースを争う。食事（ここではコーヒーも食事と考える）を共にすることによる親

近感で、ミーティングはさらに価値あるものになる。営業担当者が見込み客と強力なコネを築こうとするとき、よくカフェや食べ物を使うことも、この点をよくあらわしている。

　一緒に食事をしたからといって、チームが成功する保証はないし、一緒に食事をしないからといって、プロジェクトが失敗するとはかぎらない。しかし、成功するチームは、一緒に食事をつくって食べることで生まれる豊かな対話を利用することが多いようだ。

61

ほったらかしの成果物

プロジェクトで、
誰も金を出そうと思わないような成果物がつくられる。

　システムおよびソフトウエア業界のプロセス改善計画では、やまほどの新しい業務、役割、成果物が定義される。たとえば、ラショナル統一プロセスやドイツの V モデルは、それぞれ 150 以上の成果物を勧告している。妥求仕様書、設計書、詳細モデル、ユーザーインタフェース概念図、テスト計画書、見積書など、きりがない。

　これらの中で間違いなく必要なもののひとつが、最終成果物である製品だ。しかし、そのほかについてはどうだろうか。ほんとうに全部が必要だろうか。それらを作成するために時間と労力を費やす価値があるだろうか。

　チームは、誰も関心をもたないような成果物の作成に時間をかけることがある。時間と労力の無駄だとわかっているが、プロセスですべての成果

物を作成するよう求められている。このようなときは、この成果物のスポンサーは誰だ？　と考えてみるとよい。

　【スポンサー】　前もって資金を保証することで活動を支援する人や組織

　どの成果物にも、そのために資金を払おうというスポンサーが必要である。ここでいう「払う」とは、成果物の作成を求める権限があるだけでなく、それを作成するためのリソースを出せるという意味である。
　問題の成果物がプロジェクト内部で必要なものなら、話は簡単である。その成果物を作成すると役に立つか、それともプロジェクトの目標達成の妨げになるかは、プロジェクトマネジャーが判断すればよい。
　それより難しいのは、プロジェクトチーム以外の誰かが成果物を必要としたり求めたりした場合で、その成果物を作成することがプロジェクトの負担を増やすと考えられるケースである。このような場合、スポンサーを特定するべきである。
　たとえば、組織がすべてのプロジェクトにソフトウエアアーキテクチャの標準文書を作成させたいと考えたとする。この趣旨は、完成した設計の再利用を進め、プロジェクトについて外部へ報告したいということだ。アーキテクチャ文書には、特に重要な決定事項と概要説明を、決められた形式で美しくまとめることが求められる。しかし、開発チームの重要な目標は、期限どおりに予算内でソフトウエアを完成させることだ。目標達成のために、これらすべての文書が必要なわけではない。このような場合、本部のアーキテクチャグループがスポンサーになることが考えられる。プロジェクトの始めにメンバーをひとり派遣し、チームが会社のアーキテクチャ基準に従って必要な文書を作成できるよう支援させればよい。
　標準ユーザーマニュアルのほかに顧客別のユーザー文書を作成する場合、マーケティング部門のスポンサーが必要だろう。必要な文書を期限内に仕上げるために、スポンサーがマーケティング担当者をチームに派遣し、今回のリリース中、所定のユーザーガイドの作成を任せればよい。

また、本部のヒューマンマシンインタフェースチームの責任者がスポンサーとなり、初期フィードバック用にモックアップを要求し、そのための人件費を確保することも考えられる。

　そのほか、本部の品質管理グループがリリース後のエラー除去レートの長期統計を収集する予算をもっている場合なども、プロジェクト外部の人がスポンサーになりうる。スポンサーは、こうした余分な仕事、それもたいていはプロジェクトマネジャーが自分の予算から出すのをいやがるような仕事のために、人手や時間と資金を提供する。

　コストに見合う効果があるかどうかを検証せずに、あれをつくれこれをつくれと言うのは簡単なことだ。たとえば、社内にプロセスやツールを一括管理する部署がある場合、その部署の担当者にはたいていプロジェクトの予算を動かす権限はない。このプロセスが良いから使いなさいとすすめるのが、かれらの仕事である。しかし、実務にもかかわらず、資金も出さない人間から言われたことを、現場がすんなり受け入れるとはかぎらない。

　ほったらかしの成果物は、必要性があきらかにされないまま、つまりスポンサーなしに作成された成果物である。それらの価値を一つひとつ考えてみるといい。誰も金を出そうと思わないようなもので、プロジェクトにも必要ないなら、つくらなければよい。アイデアはいいのだが金を出す人がいないというなら、スポンサーを探すことだ。

62

隠れた美

プロジェクトのある側面は、
十分な域を超え、エレガントな域さえ超え、崇高な域に向かう。

　世の中には、他人に見られるための製品をつくる人がいる。たとえば、新車のボディデザイナーなら、仕事の成否のほとんどは、他人にどれだけ評価されるかにかかっている。製品を見た人が満足すれば、それは作り手にもわかり、相手の反応から満足感と自尊心が得られる。優秀な人材にとって、この満足感は仕事の報酬全体に大きな位置を占める。この満足感を奪うことは給料を払わないようなものであり、事実上、雇用契約違反とも言える。
　一方、同じ自動車のエアバッグのセルフテスト機構を設計する仕事について考えてみる。ほとんどの人はこの仕事の成果を見ることもなく、そんなものがあることすら知らない。つまり、この仕事の成否と、それにともなう満足感は、指定された機能を果たせるかどうかだけにかかっていて、美

※ 写真 "Copenhagen Underground" by Michael Altschul

観など関係ないと思われるかもしれない。

　それはとんでもない間違いだ。デザインとは本来、何もないところに何かを生み出す創造的なプロセスである。創造活動はさまざまな方向へ進む可能性があり、どれもおそらく機能的には同じだが手段はさまざまであり、それらは美的としか言いようがない。なかには、ただただ美しいデザインもある。その美しさは、付加された属性や「飾り」ではなく、自然でありながら驚くべき方法で機能を達成したことによる副産物である。これは、全体のうち誰にでも見える部分だけでなく、ほとんど、または完全に隠れた部分についても言えることである。

> 　イーサネットを発明したボブ・メトカーフは友人なので、イーサネットプロトコルの細部を調べて、どんなふうに設計しているのか見てみようと考えた。あくまでも情報を得るために仕様書を開いたのだが、驚いたことに、そのプロトコルは実に美しいものだとわかった。一切の無駄を排し、コンセプトはエレガントで、ロストパケットの回復方法は元のパケット送信方法から単純に派生している。輻輳の概念とその処理方法は、少なくとも私には予想外だったが、すばらしくシンプルである。笑われるかもしれないが、私はイーサネットの仕様書を見て胸がいっぱいになった。
>
> 　　　　　　　　　　　　　　　　　　　　　── TDM

　すべてのデザインには美的要素がある。問題は、この美的要素は友か敵かということである。マネジャー、特に若いマネジャーは、設計の仕事において美的要素は無駄であり、「金メッキ」のようなものだから排除すべきだと考えるかもしれない。マネジャーがこのように美観に無関心な態度でいると、設計者はすばらしい仕事を評価される機会を失い、「十分」以上の価値が認められなくなる。

　この反対の態度は、部下のデザインを詳細に見る能力と意思があり、優れているものは優れていると認めることだ。ほんの少しの時間でもこういうことをすれば、金メッキなどというのは見当違いだとすぐにわかるはずだ。

どんなに機能を付け足して飾りたてても、デザインはよくならない。むしろデザインを美しくするには、そぎ落とすことである。最高のデザインはたいてい無駄がなく、正確に機能し、テストしやすく、変更が必要になっても混乱しにくい。さらに、製品に割り当てられた機能を実現するのに、これ以上の方法はないと感じさせる。

　仕事の成果がほとんど目に見えない状況では、細部をよく見てデザインの質を評価してくれるマネジャーの存在は、設計者に大きな影響を与える。マネジャーが設計者の仕事を丹念に見れば、美しい仕事を評価できる人間を増やすことができるだろう。設計者にとって「まあまあのマネジャー」が、「どこまでもついていきたいボス」に変わるかもしれない。

　　「完璧というものは、付け足すものがなくなったときではなく、取り去
　　るものがなくなったときに達成される」
　　　　　　　　　　　　　　——アントワーヌ・ド・サンテグジュペリ

63

わかりません

健全な組織には、本当のことを安心して言える文化がある。
それが、すぐには答えられないという内容だったとしても。

　ここは会議の場である。プロジェクトマネジャーが、懸案のマーケティング分析に必要なデータはすべて現在のデータベースに入っているかとたずねる。あなたはデータベースとその内容についてはよく知っており、必要なデータがほとんど入っていることはわかっている。しかし、確信のない項目がいくつかあり、それらはマーケティング分析になくてはならないものである。

　このような場合、プロジェクトマネジャーに対する正直な答えは「わかりません」だが、あなたの組織ではこのような返事をしても大丈夫だろうか。それとも、ごまかしてその場をしのいだり、「わかりません」と言わずにすむようにどうにかしなくてはならないだろうか。また、わからないと認めた場合、チームメイトからは弱腰だと思われるだろうか。

　組織によっては、「わかりません」という言葉は「今はわかりませんが、調べます」という意味にとられる。この言葉は、話し合って答えを見つける

方法を模索するきっかけになる。

「真実を話すなら、何も覚えていなくてもいい」

──マーク・トウェイン

　質問に対して、「今はわかりませんが、ジョバンニと何時間か調べれば、彼は最初の設計をやりましたから、きっと答えが出ます」と答えるところを想像してみよう。ここでオーガスタが口をはさむ。「待って、そのデータの分析ならほかのプロジェクトでやったわ。メモがあるから、その質問に答えられそう。そうしたらずいぶん時間の節約になるでしょう」。「わかりません」は、真実であるだけでなく、協力のきっかけになり、目の前の問題について何か知っている人がみな役に立つ情報を提供する。「知らない」という恒常的な状態を問題にしているのではない。そのような知識のすき間があることを宣言し、埋められるようにするのだ。

　このパターンの反対は、「わかりません」という返事があきらかに歓迎されない場合である。わからないが、そう認めることが安全ではないと感じる場合である。仲間の尊敬を失うのがこわかったり、上司に仕事ができないという印象をもたれるのではないかと恐れたりする。さらに、「わかりません」はマネジャーにとって脅威となることがある。必死でスケジュールにしがみついているときに、未知の要素があらわれてスケジュールをおびやかすことはまったくありがたくない。開発プロセスに重要な未知の事項があるなどと考えたくもない。このような組織のほとんどは、開発プロセスを工場の組立ラインか何かのように見ているのだ。組立ラインには未知のことなどほとんどない。「車が自分のところへ来たら、同じ色のサイドミラーをボルトで留めろ。そして次の車を待て」。開発チームのメンバーが「わかりません」と言ったら、それは「ミラーの向きがわかるまで組立ラインを止めてください」と同じように受け取られる。このような組織は、生産を一時停止するぐらいなら、必要な部品がなくても組立ラインを動かし続けようとするだろう。

「わかりません」と言うと、やる気のない証拠と見られる組織もある。全員がすべてのことを知るよう期待される文化がある場合だ。しかし、すべてを知っているはずのないことは誰でもわかっている。現実を無視したこうした組織の姿勢のせいで、人びとはあきらかに助けを求めるべきときにもそうしようとしない。その結果、余計に時間がかかる。しかし、いざ開発プロセスが期日に間に合わないと、組織は開発プロセスに未知の要素があったことは認めず、ほかに原因を探す。マネジメントがまずかった、人手が足りなかった、そのほかどのようなことでも。

「わかりません」という言葉は、信頼の宣言だと考えてよい。組織全体で人びとが安心して「わかりません」と言えることは、人びとが安心して助けを求められるということだ。このような組織は、あらゆる階層で真に協力を推し進め、その成果を得ることができる。

64

レイクウォビゴンの子供たち

マネジャーは、
成績評価で優れた者と劣った者に十分な差をつけない。

ラジオパーソナリティのギャリソン・キーラーは、「プレーリー・ホーム・コンパニオン」という番組で、レイクウォビゴンという「女性はみな強く、男性はみなハンサム、子供たちはみな平均以上」の架空の小さな町のニュースを伝える。

成績評価は、レイクウォビゴンの子供たちのように狭い範囲におさまることがよくある。図64.1の例を見てみよう。

このパターンは、管理者が悪い成績に向き合えず、優れた成績を認められない徴候である。「レイクウォビゴン効果」が有害な理由はいくつかあるが、最大の理由は、嘘をつく文化を露呈することだ。

図64.1の成績分布について1つ確実に言えることは、真実ではないということだ。大規模チームのメンバーの間では、ソフトウエア工学の能力に

※ 写真　Marja Flick-Buijs

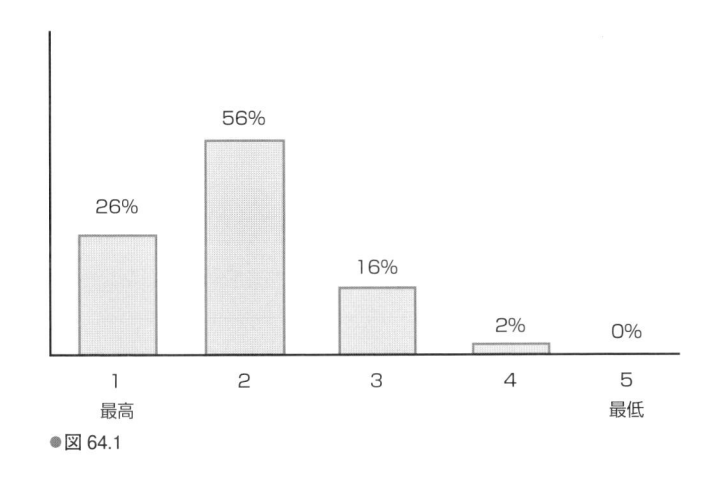

```
         56%
  26%
            16%
                  2%    0%
   1    2    3    4    5
  最高              最低
```
● 図 64.1

ケタ違いの差があると言われ続けてきて、もはや何十年になるだろうか。われわれがそのような報告を受け入れるのは、それが実際の現場で見る状況に即しているからだ。それなのに、年に1度か2度人事部に提出される成績評価では、ほぼ全員が平均以上の評価を受け、この「平均以上の平均」からはみ出す社員はほとんどいない。そんな企業が多すぎる。

レイクウォビゴン効果は、たいてい、人事部による混乱、上層部の愚行、チームリーダーの臆病さなど、いくつかの原因が複合した結果である。

人事の専門家は、複数の矛盾する成績評価ガイドラインを発行して混乱をまねくことがある。よくある例は、同じ成績評価システムに「絶対」基準と「相対」基準を混在させることだ。われわれが見てきた複数のシステムの例では、ある部分では、職務の履行について絶対基準での各種成績レベルを定義している（たとえば、1＝要求以上の仕事をする、2＝つねに要求を満たす、3＝たいてい要求を満たす、4＝一部の要求を満たさないなど）。同じシステムの別の部分では、あらかじめ設定された配分に従って評価するよう指定されている（たとえば、「1」は10〜15パーセント、「2」は20〜30パーセント、「3」は45〜55パーセントなど）。これらの数字は、評価が絶対的な質によるものではなく、社員全体の中での相対的なものであることを意味する。

シニアマネジャーは、成績の悪い社員に向き合うのを避けるため、インセンティブを設けることがある。その典型のひとつが、次のようなワンツーパンチである。

1. われわれは優秀な学習する組織をつくっている。そこで、成績評価が「4」か「5」の社員は、ただちに業績改善プランに回すか、組織から「追い出す」べし。
2. 短期的な予算縮小のため、当面の新規採用や補充の要請は、次の通知まで一時的に凍結する。

　これは、複数のマネジャーが、成績の悪いダメ社員の面倒をみるぐらいなら、欠員の方が手がかからないぶんましだと判断したということだ（しかし、間違っていることもある）。

　人事部や無能な経営陣のせいにするのは気分がいいが、マネジャーが成績の悪い社員に向き合わない最大の理由はもっと身近にある。きちんと対処することが難しく、相手と率直に話し合うことがとにかくこわいのだ。だからマネジャーは逃れようとする。

　成績の悪い社員と建設的なやりとりをするには、マネジャーの役割を途中で若干変更する必要がある。成績管理の早い段階では、マネジャーはコーチモードである。言葉で説明し、実際にやってみせ、支援し、質問に答え、何よりも社員を励ます。成績を検討して何らかの評価を下す時がきたら、マネジャーはむしろ審判のようにふるまわなくてはならない。「これがきみの業績だ。これこれはうまくいった。これこれは改善の余地がある」など。

　問題の社員が期待された役割をこなしていなくても、マネジャーがコーチから審判に切り替わるまで、本人は気づかないことが多い。この切り替えはさほど頻繁にあることではなく（せいぜい年に4回かそれ以下）、たいていマネジャーと社員のどちらにとっても気分のいいものではないため、審判としてのメッセージを控えめに伝えたり、まったく伝えなかったりする。

　レイクウォビゴン効果以外にも、低成績に向き合えずにいることを示す

徴候がある。「任務の縮小」である。ダメ社員が失敗すると、その成績の悪さに向き合うことのできないマネジャーは、きちんとやらなければならない仕事をその社員から取り上げる場合がある。その分は、能力のある社員（それとマネジャー自身）が穴埋めすることになる。このようなことは徐々に起きるが、そのうち、ダメ社員の成績がなんとか許容できる水準まで上がってくる。もちろん、本来やるべき量よりかなり仕事が減っているからだ。

成績評価スケールのごく狭い範囲だけを使うことや、任務を多少縮小することの何がそんなに悪いのか疑問に思うかもしれない。簡単な答えは、チームのメンバーに対して不公正であることだ。メンバーの現状について嘘をつき、各自がキャリアを管理するために必要な情報を奪っていることになる。

成績優秀な部下に、彼の仕事がどれほどすばらしいか（そして評価されているか）わかっていると知らせてやらないことは、嘘をついていることになる。はっきり言おう。チームのメンバー全員が、本人も含め、奇跡を起こせるのは誰か知っている。そのような貢献を認めることは、ぜひとも必要である。そのためにはケタ違いの成績評価を与えなければならないというなら、そうすればよい。

成績の悪い部下に、このままの仕事ぶりでは首が危ないと早めに注意してやらないことは、嘘をついていることになる。成績が悪いのは、単に期待されている仕事を理解していないせいという場合もあり、成績を改善できる可能性もある。自分が水準に達していないことを早いうちに知れば、うまくいくばかりか、人並み以上の仕事ができることもある。

実際よりはるかに多くの人を中程度と評価することで、その範囲に詰め込まれた部下の多くに嘘をついていることになる。成績優秀なのに最高の評価を受けていない人は、十分に認められ報われていない。また、成績が悪く5段階で「3」の評価を受けている人は、全社員のうち「3」は20パーセントだけだと言われるより、50パーセントが「3」だと言われた方が安心するだろう。

マネジャーが真実を伝えているのは、ほんとうに中程度の部下だけである。

共同学習

プロジェクトの関係者は、
他人から学ぶことの多さを理解している。

　プロジェクトが構成された時点では、その目的は、何らかのシステム、業務、製品、サービスの状態を変えることである。そこまではわかっている。

　しかし、プロジェクトが始まるときに、将来どのような状態になることが望ましいのか、誰か個人やグループが理解していると考えるのは非現実的である。

　たとえば、プロジェクトが始まるときに、要求を完璧かつ正確に列挙することを作り手が消費者に期待するのは非現実的である。同様に、消費者は、初めから要求を正しく理解できるなどと作り手に期待してはならない。要求を理解せずに手を加えようとすれば、失敗するのは目に見えている。

　よく問題になるのは、ステークホルダーがお互いから学ばなければならないことを理解していないことだ。必要とされるのは、消費者と作り手の共

※ 写真　©Dmitry Shironosov/StockPhoto

同学習の努力である。お互いに教え合い、学び合わなくてはならない。

　もう少し詳しく検討してみよう。要求を集める側は、有効な製品やサービスを決めるために、消費者の仕事について学ぶ必要がある。しかし、消費者が知っていることを作り手に伝えようとする場合、3つの障害に阻まれる可能性がある。第一に、消費者は自分の仕事をよく知っているがために、それを当然のことと思うかもしれない。作り手も知っているだろうと考え、詳しい情報を伝えない可能性がある。第二に、消費者は優れたコミュニケーション技術をもっているとはかぎらず、作り手にとって役に立つはずの情報を進んで提供しようとしない可能性がある。第三に、消費者にとって将来のニーズを特定し、想像することは難しいかもしれない。目の前にないものについて自分が何をほしいか知ることは、無理とは言わないまでも難しい。

　本屋の棚を眺めて、これまで考えたことのないテーマの本に興味をひかれるときのことを考えてみるとよい。あるいは、あまり本屋に行かない人なら、好きな分野の買い物をしていて、おもしろいものを見つけたときのことを想像してみよう。気のきいた電子機器でもいいし、かわいらしいランジェリーでもいい（この部分については、読者自身の好きなジャンルを決めてほしい）。簡単に言うと、実物を見るか体験しなければ、それが自分のニーズや希望に合っているかどうかは、なかなかわからない。

　そこで、作り手がそのような本、電子機器、ランジェリーと同じぐらいうれしい製品やサービスを、事前にその製品やサービスの品質もわからないまま消費者に提供しなければならない場合、双方向の共同学習が必要である。ところが、消費者と作り手の間で有意義な学習が行われるのを妨げる要因がいくつかある。仕様書作成の打ち切り、誤った解決策、学習担当、共通言語の不在などである。これらについて説明しよう。

　組織は、開発が始まらないうちに要求仕様書の作成を済ませようとすることがある。たいていは消費者の組織の責任者である。この人物は仕様書について責任を負うため、当然のことながら、その内容を指示する。このため、要求を集める側の役割は指示された内容を書き取るだけで、初期プロトタイプや試験モデルをつくり、それらをもとに発見と学習を繰り返して

いく可能性はなくなる。

　誤った解決策の提案によって共同学習が妨げられる場合もある。ステークホルダーのなかには、自分は何が必要かわかっているから、それを手に入れるつもりだというスタンスの人もいる。そのような人が必要だとするのは、目の前の問題に対して思いついた解決策である。しかし、そのような解決策が、さらに大きないくつものニーズに応えられることはほとんどない。仕事の状況から生じるニーズ、その仕事が行われる組織のニーズ、組織の外部のステークホルダーが抱えるニーズなどだ。このような場合、全員が理解すべきは問題そのものである。解決策はそのうちに出てくる。

　学習は早く始めた方がよい。プロジェクトが進行すると、アイデアは固まり、予想は確実になり、話し合ってきた解決策も見通しがつくようになり、作り手にとっても消費者にとっても、予定の製品やサービスについて違った視点から新しいことを学ぶのはしだいに難しくなってくる。早いうちに機会をとらえないと、要求を提示する側と集める側は慣習どおりの役割におさまり、イノベーションを成功させることはきわめて難しくなる。

　ステークホルダーはそれぞれ何かを知っている。たいていはかなり多くのことを知っている。そして、通常は一人ひとり知っていることが異なるため、互いに教え合う必要がある。しかし、来歴の異なるステークホルダーが効率良く学習し合うためには、共通の言語が必要である。エスペラント語のようなものといってもいい。モデリング言語が最適であることが多い。共同学習にある程度の試行錯誤はつきもので、モデリングは理想的な手段である。検討中のモデルが学習の過程で使い捨てられるものだと全員が理解していれば、各人のお気に入りの機能をめぐって喧々諤々と言い争うことは減り、学んだことについて考えるようになるはずだ。

　開発プロジェクトから適切な製品やサービスを生み出すには、消費者のニーズや、そのニーズを支える機能が十分に理解されなければならない。このような理解は、消費者と開発者が要求について互いに学び合うことによって生まれる。最も難しいのは、協力して共同学習に努める必要があると認識することだ。

66

魂の仲間

ある種のチームは、
開発プロセスの最も基本的なルールさえ無視することが許される。

この種のチームに関して最初に気づく特徴は、次のような点である。

- 予定された会議を嫌うが、臨機応変に少人数の会議を何度も行い、そのほとんどが設計会議である。あるいは、すぐ設計会議になる。
- アイデア、デザイン、ToDo リストをメモするのに、ホワイトボードを好む。
- 不完全で高水準な要求定義書をもとに作業する。設計文書はすべて省略し、開発プロセスのごく初期からコーディングに移る。
- 大量のコードを破棄しては書き直す。機能のデモを行うと、すぐに改良にとりかかる。
- これらすべてを非常に速く行う。一般的な機能の開発にかかる時間は、1〜3日である。きわめて複雑な機能の場合、10日ぐらいかかることもある。多くのタスクは、半日以内に完成してテストできるようになる。

これはよくあるパターンではないが、すばらしいので注目する価値がある。良い言葉が見つからないので、このようなチームを「ゲリラ」チームと呼ぶ。全体としてはアジャイルの世界に比較的よく見られるが[*1]、特定の手法に関係なくゲリラ的行動を展開するチームもある。

　従来型のソフトウエア開発にたずさわってきた人は、ゲリラチームにかなりの不安を感じるだろう。無謀にも思えるが、めざましいペースで実際に進歩していることは否定できない。ゲリラチームを見ると、ソフトウエア開発プロセスにおける多数の形式的な要素をなぜ自分が評価してきたのか、ふと考え直すこともある。

　ソフトウエア開発で行われていることの多くは、「問題を見つけて修正するコストは、開発サイクルが進むにつれ急激に上昇する」といった基本的な考えにもとづいている。このため、あとの段階になってやり直すのを避けるため、できるだけ早く要求を（そして設計も）きちんと定義しておきたいと考える。そこには、さらに基本的な想定もある。すなわち、機能するソフトウエアの構築と検証にはコストがかかるため、何度もやり直すことはできない。1つのプロジェクトにつき1回か2回だけ、というものだ。これはおおむね真実かもしれないが、ゲリラチームが成功するのは、この一般論のあてはまらないところで活動するからだ。何を構築すべきかを発見する過程で、迅速にコードを開発してテストするため、実に大量のコードを破棄する余地があるのだ。

　では、ゲリラチームはどのようなことに向いているか。まず、新製品のバージョン1には確実に適している。場合によってはバージョン2でもいい。ゲリラチームが最も得意とするのは、比較的新しい問題領域を探索し、革新的なソリューションを考案することだ。ゲリラチームは、耐久性と安定性に優れたコードをつくることもできるが、それ以上にイノベーション

＊1　アジャイルの手法とその基本原則に関する優れた研究は、Alister Cockburn, *Agile Software Development: The Cooperative Game*, 2nd ed.（Boston: Addison-Wesley, 2006）にある（邦訳　アリスター・コーバーン『アジャイルソフトウェア開発』株式会社テクノロジックアート訳、ピアソン・エデュケーション、2002年）。または、www.agilealliance.org を手がかりとされたい。

志向である。

　ゲリラチームは、安全装置のない電動工具のようなものである。どれだけうまく指揮管理できるかによって、すばらしく生産的にも破壊的にもなりうる。また、おのずと限界もある。

　ゲリラチームは有機的である。すぐにつくれるものではないし、命令によってつくることなど絶対にできない。たいていは1人か2人の魅力的なリーダーのまわりに形成される。メンバーはゆっくり増えていき（要求される基準がきわめて高いため）、リーダーがいるかぎり結束は続く。その実力は何年も続くことがあるが、いったんチームが解体し始めると、あっというまにバラバラになる。

　当然、少人数で同じ場所で働く。ほかのチーム、特に遠くのチームとの連携はあまりうまくない。チーム内の結びつきは非常に強い。逆に、外部との依存関係はごくゆるやかである。このため、急成長はせず、移転もせず、協調してネットワークをつくることもない。

　ゲリラチームに任せる場合、いつ止めるかを知ることは重要だ。このような開発者は、新天地を開くことにやりがいを感じるため、たいてい製品やシステムが確立されてしまうと関心を失い始める。ゲリラチームがバージョン5といったものに関わることはめったにない。そのはるか前に、従来型のチーム構造への移行を検討すべきだろう。ゲリラチームにはどこかほかに征服すべき新しい領土を探す必要がある。あるいは、自分たちで見つけるはずだ。

　ゲリラチームについて、最後にひとつ注意しておく。偽物が多い。このモデルは、あらゆるスキルレベルの開発者にとって魅力的なため、少人数チームの多くは自分たちをゲリラチームだと思っているが、本物はまれである。そのようなチームにプロジェクトを預ける前に、相手が本物かどうか確かめる必要がある。

67

十字穴付きネジ

あきらかに優れたアイデアは、
意外なことに、すぐには受け入れられない。

　アメリカの発明家、ヘンリー・F・フィリップスは、1930年代初期に、今ではどこにでもある十字穴付きネジとプラスドライバーを考案した。この発明は、それまでの無骨な溝がついただけのネジよりあきらかに優れていた。ご存知のように、いまだに時々古い溝付きのネジを見かけるが、ドライバーで回そうとすると溝から滑り出てしまい、何度も作業を中断して呪いの言葉を吐くことになる。一方、プラスドライバーはかならず中心にはまって外れない。

　新発明の方が文句なく優れていたが、腹立たしいことに、人びとは溝付きのネジを使い続けた。フィリップスは気が変になりそうだったにちがいない。彼の優れた発明はあっさり無視された。やがて受け入れられることになるのだが、彼はそのことを知らない。現在から見れば、1930年のフィリップスに励ましの言葉をかけてあげたくなる。

「くじけるな、ヘンリー。歴史はきみに有利な審判を下すぞ。新製品に溝付きのネジがついてくることなんて考えられない時代が来る。十字穴付きネジが君臨するんだ」

「そうか、でもいつだ？ いつなんだ？」

「ええ、何年かかるかもしれないが、そしたら……」

「年だって!!! 1935年とか1940年にならないと、みんなは僕の発明品に切り替えないっていうのか」

「実は、1985年か1990年頃だったかと」

「むむむうぅ」

　新しくて優れているというだけでは、すぐに受け入れられる保証はない。時間がかかる。組織は変化に抵抗したり、長い意思決定の期間中、変化を先延ばしにしたりする。しかし、優れたアイデアを発明し支持する人にとって、自分の案が無視され、悪くするとおしまいだとみなされるのは悔しいだろう。軍事用語では、おしまいとみなされることを「スローロール」という。長年プロジェクトに関わるなかで、優れた新しいアイデアがあらわれては、少なくともしばらくの間スローロールするのを見てきた。たとえば、ソフトウエアのように発展が速いと思われている業界でさえ、現在受け入れられているベストプラクティスのなかには、受け入れられるまで20年もかかったものがある[*1]。

　あきらかに優れた方法を提唱しているのに受け入れられず、不満を募らせている人は、このことを励みにしてほしい。トーマス・アルバ・エジソンやヴェルナー・フォン・ジーメンスといった過去の偉大な発明家は、1つの発明によって記憶されているのではない。何度も新しいアイデアを考えつく能力があったからこそ名を残したのだ。1つのアイデアを推進する人はプロモーターであり、過去にいくつもの優れたアイデアを考えついてきた人

[*1] 20年の遅れについては、Samuel T. Redwine, Jr., and William E. Riddle, "Software Technology Maturation," *Proceedings of the 8th International Conference on Software Engineering* (New York: IEEE Computer Society Press, 1985), pp.189-200 を参照。

はイノベーターである。プロモーターからイノベーターになるには何年も何十年もかかるが、それは地道な努力の賜物であり、予想外の恩恵がともなう。実績のあるイノベーターが提供するアイデアは、人びとに受け入れられやすいのだ。

68

イノベーションの予測

チームは、イノベーションに対するニーズと、
経営者の予測可能性に対するニーズのバランスをとる。

開発しているシステムが少しでもおもしろいものなら、プロジェクトにはかならずイノベーションがある。イノベーションとは、チームがそれまでに経験したことのない何かをやるということであり、メンバーが問題を新しい違った方法で解決できるかどうかにプロジェクトの成否がかかっているということである。その一方で、どんなプロジェクトでも、完成する時期をかなりの精度で予測する必要がある。つまり、優れたアイデアがいつあらわれるかを予測しなければならないのだが、これは容易なことではない。

この難題をマネジャーはよく理解していることと思う。開発者には探索、発見、学習、解決のための十分な時間を提供し、それと同時に経営者と顧客には開発プロジェクトの完成について正確な予測を提供するという狭き道を歩む必要がある。この隘路を外れ、どちらかの領域へ迷い込むのは簡

※ 写真　Gabriel Bulla

単なことだ。楽観的すぎる予測を立てると、開発者に完成に向けプレッシャーをかけることになり、最適な製品を得られない可能性がある。一方、開発サイクルの終盤まで完成は予測できないとはねつけていると、上司はマネジャーの仕事ぶりを不満に思うだろう。

　開発計画プロセスは次のように進む。製品の機能の要求がある程度そろったあとも、開発者が何をどのように構築すべきかを見いだすまでには、何度か反復(イテレーション)が必要な場合がある。そこで、プロトタイピングと調査のために、初期にタイムボックスで区切った2～3回のイテレーションを計画する。それぞれのイテレーションの期間は、作業の性質と規模によるが、通常は1回につき1～4週間と考えられる。

　このような2～3回のイテレーションのあと、技術的な不明点はほぼ解消され、最終的な製品機能の開発に着手できる。ここでもイテレーションは重要である。通常、リリースが完成するまでには、さらに3～5回程度のイテレーションを実施する。これも各イテレーションの期間はチームによって異なるが、たいてい1回につき4～12週間である。そこで、リリースの開発スケジュール全体を図にすると次のようになる。

製品の要求定義						
イテレーション1	イテレーション2	イテレーション3	イテレーション4	イテレーション5	イテレーション6	安定化

　この例では、最初の3回のイテレーションは、機能領域全体の調査とプロトタイピングに焦点をしぼる。といっても、イテレーション1の結果、最終製品に入るすべての機能のプロトタイプができるという意味ではない。製品のうち、開発者が選んだ部分について自由に検討できるという意味だ。また、イテレーション1の結果は、イテレーション2が始まるときにすべて破棄してしまってもよい。イテレーション1のコードの一部がイテレーション2の作業の基礎になる場合が多いが、そうでなくてはならないというわけではない。イテレーション1（さらにイテレーション2と、必要なら

イテレーション3も）の目標は、未知の要素を洗い出し、開発作業に持ち越す不明点を減らすことである。イテレーション1～3は、合わせて6～12週間かかることがある。これはケースによって異なる。

　最終的なイテレーション（状況により、2回か3回の場合も6回の場合も）では、たいてい前の3回のイテレーションで開発したコードの一部を使い、出荷する製品を構築する。これらの反復は、調査のためのイテレーションより時間がかかるのが通常である。チームが用いる開発手法にもよるが、普通4～12週間である。

　この方法が、イノベーションと予測のバランスをとるためにどのように役立つのか。決められた開発期間の中で、イノベーションを必要とする問題領域を何度か通るようにすることで、バランスをとるのである。これによってチームは確実に適切な時期に必要なアイデアを生みだせるのだろうか。もちろん、そんなことはない。しかし、この方法をとれば、開発の時間枠全体の中に、創造的思考が可能なイテレーションを何回か組み入れることができる。

　プロジェクトの成功の源はイノベーションである。また、予測可能性も必要である。しかし、どちらが多すぎても少なすぎてもうまくいかない。

69

マリリン・マンスター

開発者がキングの組織もあれば、
開発者が歩兵(ボーン)の組織もある。

『マンスターズ』は、アメリカで1964年から2シーズン放映された連続コメディードラマである。モッキンバードレーン1313番地というありふれた町に暮らすモンスター一家の日常のドタバタを描いている。父親のハーマン・マンスターは、ちょっと間抜けなフランケンシュタインモンスター。その妻は吸血鬼。祖父はドラキュラ伯爵風。息子のエディーは狼少年である。

おかしなことに、マンスター一家と一緒に住んでいる姪のマリリンは、ブロンド美人の大学生である。しかし、家族はマリリンを美人だと思わない。まるっきり魅力がないと思っている。家族はマリリンの感情を傷つけまいとするが、実のところ少々困惑している。『マンスターズ』のおかしさのひとつは、たまたまこの奇妙な家庭に生まれてしまったために、マリリンの地位が低いことである。近所のほかの家庭に生まれれば、マリリンが

もっと認められたことはあきらかだ。

マリリン・マンスターのような人生を送っている開発者は多い。技術がたよりの会社で働いていながら、その仕事はあまり評価されず、組織内での地位は低いという場合だ。このような組織では、マネジャーがあらゆる地位をもっていることが多い。マネジャーは計画、スケジュール作成、追跡管理、見積もり、技術スタッフへの任務割り当てに責任を負っている。計画、スケジュール作成、追跡管理、見積もりについては、マネジャーだけがほかのマネジャーと連携して行うのが通常である。開発者は技術専門であり、会社を切り盛りする難しい仕事のことは理解できない。

マネジャーは、運営するプロジェクトを選択し、そのプロジェクトを選ばれた企業の投資先として運営することに責任を負うため、大金を稼ぐ。技術者は机にかじりつき、マネジャーにつくれと言われたものをつくる。それが気に入らなければ辞めればいい。マネジャーは人事担当者と一緒に、代わりを探せばいい。代わりは下請業者でもいい。下請業者は、技術者のコストがもっと安い別の大陸の業者でもいい。

このパターンの変化形として、営業があらゆる権力を握っている場合がある。所詮、製品がどんなに良くても、顧客に売れなければ何にもならないというわけだ。このどちらのタイプの企業でも、基本にある考えは、開発者はいくらでもいて、誰でも質は同じようなものだから、報酬はできるだけ低くおさえるべきだというものだ。

もちろん、開発者に対してまったく違った見方をする企業もある。このタイプの企業は、競争相手と製品やサービスの差をつけるものは、品質とイノベーションだと信じている。上位10パーセントの開発者と平均的な開発者では、才能と生産性に大きな差があることを認識している。そして、できるかぎり最高の人材を得たいと考えている。その結果、開発者がキングという文化が生まれ、開発者の仕事量や、その仕事を完成するための手法には、大幅な自由が許されている。これらの開発者は、機能の構築だけでなく定義も行うことがあり、開発作業の見積もりも率先して行う。なかでもベテランの開発者は、チームリーダーと同じか、時にはそれ以上の報

酬を得る。開発者がキングとなる組織は、自社の製品としてソフトウエアを開発しているか、製品の主要部分としてソフトウエアを出荷している組織が多いが、かならずというわけではない。

開発者がキングの文化が行きすぎると、機能不全におちいる。開発者が、みずからの決定がほかの人に及ぼす影響を考えずに、自分の仕事とスケジュールを最適化すると、プロジェクトは困ったことになる場合がある。たとえば、あるプロジェクトでは、2人の開発者がソフトウエアを構築することにしたが、あとで書けばいいとわかっていたので多数のクラスを不完全なままにし、「おもしろい難しい部分」だけに取り組んだ。プロジェクトチームのほかのメンバー、QA担当者、テクニカルライターは、納期が迫ったときに、何も手をつけられていない巨大な仕事のかたまりに直面した。何もテストできず、文書も書けなかったが、開発者がやり残した穴を埋めたとたん、すべてが片づいた。開発者は、自分の仕事を最適化したことによって、プロジェクトの最適化を妨げてしまった。

開発者を採用するときには、組織の成功のためには品質とイノベーションがいかに重要かよく考えるべきである。最も高いレベルでは、品質にもイノベーションにも、ほんとうに有能な開発者が必要である。人材をコストセンターとしてあつかい、必要だからしかたなく雇うが、なるべく安く済ませようなどと考えていては、有能な人材を引きつけ、育成し、確保することはできない。

あなたが優秀な開発者で、マリリン・マンスターのような気持ちになっているとしたら、ふさわしい評価をしてくれる家庭はほかにあるから安心するといい。見世物からは逃れることだ。

閑話

編集室の残骸

本書に入りきらなかったパターンがいくつかある。

- マネジャーが一寸法師だったら
- 金槌があれば
- ISO 標準コンドーム
- 仕事中には口笛を
- 企業チャリティ —— 口臭と戦う
- ウィージャ対ファンクションポイント —— 実証的研究
- 審判になれ —— ユーザーの代表か、将来の臓器提供者か？
- あなたの名前がほんとうにディルバートなら
- 出口のないパーティション
- いつもは最初のリリースでこんなことはしない
- なぜユダがテスト担当者の守護聖人なのか
- 無能はいないか、全員無能か

- マレットと２本の金の鎖
- マオリの鬨(とき)の声――次のチーム構築の練習
- なぜ清掃係だけがテスト計画をすべて読んだのか
- 貴重な時間を節約しろ――要求はベータのあとで書け
- 信頼によるソフトウエア工学
- チーズは眠らない
- 小さなかけらの喜び
- 真夜中を過ぎてバンガロールに到着
- 虹と大地が接するところのおまる
- 要求のないソフトウエア工学
- 人事部、天体物理学者を採用する
- ボゾン層

70

ブラウン運動

プロジェクトのビジョンが形成されないうちに、
チームのメンバーが追加される。

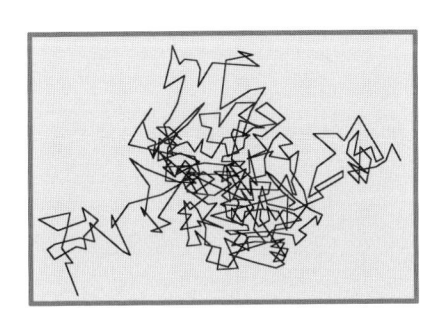

プロジェクトが立ち上げられて最初の数日で、リーダーは2つのことをしなければならない。プロジェクトが何をつくるか定義することと、短期間で目に見える進歩を遂げることだ。

早く勢いをつけたいがために、多くのマネジャーは人数と進捗を同一視する。新しいメンバーが何をすべきかもはっきりしないうちに、チームの人数を増やし始めるのだ。当然のことながら、新人はほとんどまとまりがない。方向性が定まらないうちに人を増やしすぎると、手当たり次第の活動や、むやみな方向への動きが起こる。まるで、ロバート・ブラウンが観察したとされる花粉の動きのように。

このパターンの反対は、何をするべきか明確な一貫したビジョンを作成し、スタッフは必要最小限におさえるプロジェクトである。計画担当者は、プロジェクトの目標、スコープ、制約、完成すべき製品とその製品が利用者や所有者にもたらす利益の明確な概念ができるまで、周囲から隔絶され

た状況に身を置く。ビジョンが完成し、はっきり示せるようになってから、プロジェクトチームにメンバーを追加する。

> 「かれらに映画でも見せていろ。少なくとも、コアグループがプロジェクトの構造をつくって、新規採用スタッフが何をすべきかを決めるまで」
> ──スティーブ・メラー

　筆者のうち2人は、大手電力会社で、その会社最大のアプリケーションシステムを設計・構築する長期プロジェクトに関わったことがある。このプロジェクトには、最終的に数百人年が必要となったが、基本概念と高水準のアーキテクチャは、わずか3人からなるチームが3カ月で考案した。同様のケースは多い。現在、世界にはLinuxを使っているプログラマーが大勢いるが、Linuxのビジョンはひとりがつくったものである。C++の構想もひとりでつくられた。一方、Adaは委員会によって計画された。

　ビジョンがはっきりする前にプロジェクトに人員を追加することは逆効果である。プロジェクトの計画を立てようとする人が多すぎると、不明瞭で一貫性のないものができあがる。やがてチームが何人で構成されることになろうと、明確なビジョンは、ひとりか少人数のグループによってつくるものである。

71

音吐朗々

プロジェクトの目標が、繰り返し明瞭に掲げられる。

　　プロジェクトの目標は、最も高いレベルでの要求と制約である。これらの目標は早くから宣言し、プロジェクトのメンバーはつねにそこへ立ち返る必要がある。なぜか。組織で働く人びとは、互いに相いれない個人的目標をもっていることが多いからだ。営業担当者は、売上高に対する歩合で報酬を受け取るため、自分の売り上げを最大化したい。プロダクトマネジャーは、上司によくやったと思われるように、担当製品の収益性を最大化したい。エンジニアは、次のリリースにボーナスがかかっているため、約束した機能をすべてそこに詰め込みたい。これらの目標は連携するものではなく、対立することすらある。組織は巨大で混沌としているため、対立は目に見えないかぎり対処されない。

　　プロジェクトはいつまでも混沌としているわけにはいかない。そうでないと舵を失う。目標はあらかじめ表現し、検討し、修正し、さまざまな支援

※ 木版画　　©2007 Joseph Taylor

者やステークホルダーによるプロジェクトへの期待がほんとうに一致していると言えるようにする必要がある。組織の複数の権限領域にまたがる1つのシステムを開発するプロジェクトの場合、多様なコミュニティの中で1つの目標を見つけるのは大変なことかもしれない。

　ステークホルダーが対立しない目標に達することができれば、その目標が設計と構築のビジョンになる。

　しかし、目標が適切に定められても、それが目に見えるところになければ、ほとんど意味がない。プロジェクト全体の目標がつねに目につくところになければ、人びとは容易にそれを忘れ、プロジェクトの最大の目的を見失うことになる。

　　あるクライアントのビジネスアナリストであるキャロライナは、大規模プロジェクトを開始するにあたり、ステークホルダーを集め、共通のプロジェクト目標にたどり着くよう手を貸した。次に、できあがった目標宣言書とその測定基準を、ポスターサイズのボードに大きな字で書いた（図71.1参照）。これをあらゆるプロジェクト会議に持参し、椅子の上に置いた。プロジェクトが軌道を逸れたときは、目標を使ってメンバーの集中力を取り戻す。「そういうときは目標が間違っていて修正する必要があるか、軌道を外れているかのどちらかです」

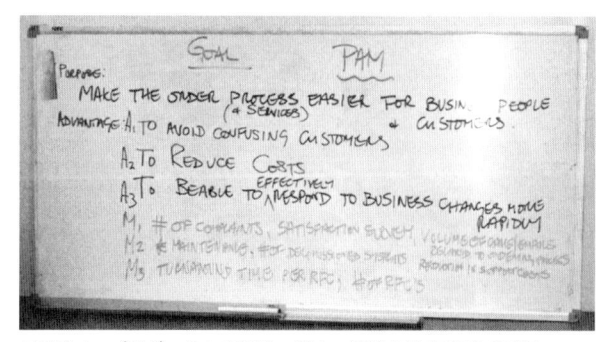

●図71.1　プロジェクトの目的、利点、測定方法（PAM）の宣言

この方法が成功するためには、2つの要素が重要だという。目標を設定するときに全員の意見を聞くことと、プロジェクトのメンバー全員が見えるところに目標を置くことである。

―― SQR

　目標を追い続ける必要があるのは、アナリストや経営陣だけではない。設計者も目標を知っていなければ、情報にもとづき設計を選択し、たとえば、「システムの運用年数に対する期待はどうなのだろう。運用年数の中で3回しか稼働させないのと、少なくとも10年間毎日朝から晩まで稼働させるのとでは、求める設計も違うかもしれない」などと考えることもできない。

　時間のプレッシャーを受けるプロジェクトはどれも、プロジェクトが進行するにしたがい、すべての機能を最初のリリースに組み込むのは難しいことがわかってくる。どの機能をリリース1に組み込むかは、当然プロダクトマネジャーとプロジェクトマネジャーによる決定事項であり、目標がその決定の拠り所となる。

　正しい目標を設定することは重要である。さらに全員がその目標を知っていると、プロジェクトと、プロジェクトによって開発される製品に大きな違いが生まれる。キャロライナのように、目標のための席を設けるべきだ。

72

安全弁

チームは仕事の緊張に立ち向かうため、
時々ガス抜きをする方法を考え出し、それがチームの生活の一部になる。

まる一日働き通す人はいない。そんなことは無理だ。いくら仕事が好きでも、時々手を止めて、仕事以外のことをしてリフレッシュする必要がある。立ち上がってコーヒーを飲もうと廊下を歩くときも、決して怠けているのではない。ラウンドの合間のボクサーのように、われわれには休憩が必要なのだ。

しかし、疲れやリフレッシュとは関係のない種類の休憩も必要である。それは仕事のプレッシャーからの解放である。プロジェクトの参加者のほとんどは、懸命に、時には長時間働き、厳しい納期のプレッシャーを受けることも多い。これは当然のことだ。それを変えたいとは思わない。しかし、時にはそのプレッシャーから多少は解放される必要がある。

このパターンの写真にある機械式安全弁は、ボイラーの圧力が上昇しすぎたときに蒸気を逃すものだ。プロジェクトチームの多くは、独自の安全

弁をつくっている。それは通常、何かチーム特有の活動で、蒸気を逃す特別な手段である。

　安全弁の形はさまざまだ。なかには単純なものもある。たとえば、あるチームは、自然発生的にひもスプレーのバトルに興じている。別のチームは、オフィスのパーティションの間でミニチュア三輪車レースを開催している。

　もっと手の込んだ安全弁もある。ある大規模なチームは、定期的に「シークレット・アサシン」というゲームを行っている。それぞれのメンバーには、標的が割り当てられると同時に、別のメンバーの標的となる。これらの秘密の任務が割り当てられると、メンバーはナーフガンをたずさえて標的に忍び寄る。いつものように仕事をしながら、自分の暗殺者に撃たれる前に標的をとらえようとする。

　このゲームは、仕事がおろそかになるどころか、その反対の効果があるようだ。この会社のある役員は、シークレット・アサシンで遊ぶと生産性が高まることに気づいた。ゲームのルールもこの効果を支えているかもしれない。たとえば、自分の机にいる人を暗殺してはならない。

　別のある会社では、毎月第一金曜日に、ソフトウエア開発チームの全員が、メール多数決で選んだ新規公開の映画を観に行く。驚くべきは、人びとが映画に行くことではなく、選ばれた映画にかかわらず、またプロジェクトの事情に（ほぼ）かかわらず、チームの全員が参加することだ。

　賭けをすることも安全弁になる。あるチームは、毎日 UPS のバンが何時に集荷にくるか、分単位で一番近い人の総取りで賭ける。勝利金はせいぜい昼代ぐらいだが、この興奮はいつも仕事の緊張をゆるめるのに役立っている。

　このような安全弁は、チーム内で生まれるものだ。誰かが活動を始め、ほかのメンバーを引きつける。このような活動は、チームの外の人間が命じても、またすすめてもできるものではない。管理者がチームのために安全弁をつくろうとして失敗した例は見てきた。

　ある会社では、人事部が開発者のための休憩エリアをつくったが、誰も

使わなかった。ある保険会社は、部屋を1つ用意して、ソファーやクッションを置き、リラックスする必要があるときはこの部屋を使うようにと貼り紙をした。この部屋も誰も使わず、それより大きな水槽の前で立ち止まってしばらく鯉を眺めることを選んだ。

経営陣や人事部に、チームが選んだガス抜き活動を支援する手だてがないわけではない。ビリヤード台、卓球台、ダーツボードなどの娯楽は、さまざまな施設で利用されてきた実績がある。しかし、最も効果的で人気のある安全弁は、チームの内部から始まったものである。

チームが安全弁の活動に多少の時間を割いているのをマネジャーが見かけたら、水をささないことだ。奨励してもいけない。それはチームの遊び時間であり、その時間をどう使えばよいかは自分たちが一番よく知っているからだ。

73

バベルの塔

プロジェクトは、開発チームとステークホルダーの全員が理解できる一貫した言語をつくれない。

われわれは理解されることを期待する。たいていの場合、そう仮定してまず間違いない。話し相手が自分と同じ状況や文化的空間を共有していれば、通常、意味がゆがめられることなく相手に伝わる。イングリッシュパブで「1パイント」と注文すれば、エールビールがパイントグラスで出てくる。ロンドンで牛乳配達の電気自動車のドライバーに同じ注文をすると、牛乳を1瓶買える。同じように、同じ場所で働くチームのメンバーと、ネットワークの状態や、顧客の割引率や、プロジェクトで使うその他の用語について話す場合、その言葉の意味について共通の理解があることを期待する。

「あいつの言う意味はおれが考えているのと同じことだろうか。一緒にうなずいてはいるが、違う言葉をしゃべってるんじゃないだろうか」などと考えずにいられるのは、このように理解されているという楽観的な期待があるからだ。

組織には共通の言語があり、すべてのプロジェクトがこの言語を使って

いるかぎり、すべてうまくいくという虚構から、バベルの塔は生まれる。しかし、組織は絶えず変化していく一貫性のない巨大な生き物であり、「サービス」「オーダー」「アセット」「ポリシー」「カスタマー」「従業員」「ディスカウント」といった用語には、プロジェクトの中で使われる状況に応じて、さまざまな意味がある。漠然とした内輪の言葉にたよるより、どのプロジェクトにもそれぞれ共通の言語を定義するべきである。どこまで厳密に定義するべきかは、誤解されるリスクの確率と深刻さによる。人命が失われるおそれがあるか、わずかな金銭的損失やちょっとしたいらだちで済むかによって異なる。

リスクを増大させるのは、問題領域の知識、人生経験、言語の使用歴、性格的特徴など、個人差に関連する要因である。地理的な距離、同時進行しているプロジェクトの任務、ほかの組織へのアウトソーシングなど、そのほかの影響も考えると、リストはますます長くなる。多くの組織は買収によって成長するが、買収された会社にはそれぞれ特有の言語があり、新しい親会社がそれを解読し、標準化しなければならない場合もある。

プロジェクトに必要な言語は、チームの全員が問題領域について学んでいることを反映した生きた言語である。言語を洗練していくには、理解の広がりを反映して、徐々に用語を文書で定義していくことである。それによって、チームの誰もが用語を簡単に調べたり拡張したりすることができる。

チームが一貫した言語をつくっても、外部からはその努力はほとんど見えないかもしれない。しかし、プロジェクトの内部では、メンバーは何度も注意深く、ほとんどとりつかれたように言葉の定義に気を配る。成功するチームとは、すでに組織の共通言語となっている虚構を受け入れないチームである。言語を構築するためにとことん洗練を重ね、プロジェクトがバベルの塔にならないようにするチームである。

74

サプライズ

報奨やインセンティブを提供するマネジャーは、
思いも寄らない反応を受ける。

週に6日か7日ずつ6週間働いて、ついにリリースにこぎつけた。チームは燃え尽きていたが、プロジェクトに関わった誰もが、仕事をやり遂げシステムが稼働したことに意気揚々としていた。疲れ果ててしばし休眠したあと、チームはオフィスに戻ってきて、プロジェクトマネジャーを囲んで集まった。プロジェクトマネジャーは勝利を宣言し、会社にかわって心からの感謝を伝える。会社は感謝の気持ちを示すために、チームのメンバー一人ひとりに、町で最高のレストランでのペアディナー券を提供した。封筒に入った食事券が回されると、ヴーヴ・クリスコの大瓶と極厚のシャトーブリアンステーキとデザートトレー全部を注文しようといった冗談に花が咲く。チームが解散し、ほとんどのメンバーが仕事に戻ったところで、あるメンバーがプロジェクトマネジャーに近づいてこう言った。「この食事券

はお返しします。この1カ月半、妻と2人の子供をほっぽらかして働いていたのが、1回のつまらない外食のためだと思われたら、妻に殺されます」。プロジェクトマネジャーには返す言葉がなかった。

　食事券は悪いアイデアではなかった。ひとりを除いてすべてのメンバーが、それをちょっとした感謝のしるしと考えた。それは「くつろいでささやかなぜいたくを楽しんでください」というものだった。しかし、メンバーのひとりは、そのように受けとめられなかった。彼の妻には、夫をはした金で抱き込もうとしたようにしか見えないだろう。大切な家族の時間を侵した大量の仕事の見返りにはならない。

　組織からチームや個人に与えられる報奨は、ほんの感謝のしるしにすぎないとしても、完璧にうまくいくことはほとんどない。

　組織に、行動を変えさせたり、週休1日といった持続不可能な行動を続けさせたりするために賞与や報奨を与える習慣がある場合、受け取った相手の反感を買うか、やる気を失わせるだけである。組織は、報奨を与えることで、優れた業績を積極的に認め、強化しているつもりだが、実際には2つの点で機能不全の報奨パターンにおちいる。ひとつは、少数の社員に報奨を与えると、報奨のなかった全員に、疎外感と不公平感からくる無言の反感を引き起こすことだ。「私はどうなんだ。私だってここで一生懸命働いてきたんだ。私の報奨はどうした」

　もうひとつは、うれしいサプライズになるはずの報奨が、当然の権利のようになることだ。過去に報奨を受けた人が期待を募らせ、「このプロジェクトが終わったら何をもらえるだろう」と考える。こうなると、報奨にはまったく効果がない。

　報奨と賞与のパターンにはまり込んだ組織は、決して報われない。

75

冷蔵庫のドア

チームのメンバーは、
作業の成果をいつも全員に見えるように掲示する。

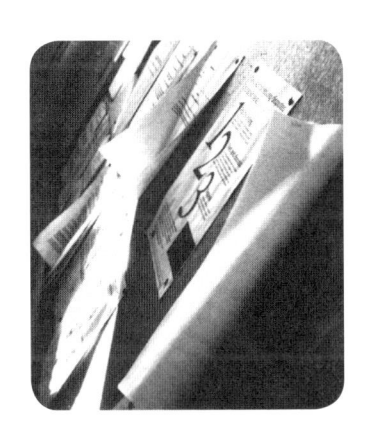

　マネジャーから「必知事項」の原則を聞かされることがある。他人には仕事のために知る必要のある情報だけを渡せ、現在の仕事のためにどうしても必要でないかぎり情報は伝えるな、情報の流れは必要最小限にとどめろというものだ。

　冷蔵庫のドアのパターンは、このアドバイスに逆らうものだが、成功するプロジェクトと強力に結びついている。そのわけを説明しよう。

　全員がすべてのことを知るのは決して重要なことではないが、このパターンのチームは、重要な情報を見やすい形で掲示する。オフィスやプロジェクト作戦会議室の出入口、コーヒーマシンやトイレへ行く途中など、プロジェクトチームの全員が確実に見る場所に情報がある。情報は、ほぼ誰でも、そのために置かれた鉛筆やカラーマーカーで簡単に部分的に更新でき

る。これらの掲示は、状況や構造に関する重要な情報を伝える生きた文書である。

健全なチームは、プロジェクトの異なる役割の人とも、次のような成果物を共有する。

- リリース計画。
- その週または現在のリリースの任務割当表。特定の期間に誰が何の仕事をしているか全員がわかるようにするため。
- わかりやすい表示のバーンダウンチャートまたはその他の形式の進捗報告書。

次の要求関連資料も共有する場合がある。

- システムのコンテキスト図。何がシステムに属し、何が属さず、どこにインタフェースがあるかを全員がわかるようにするため。
- ユースケースリスト（またはユースケース図）。たいてい、システムがサポートするプロセスの概要を1枚にまとめたもの。開発ステージに応じて項目を色分けする場合もある。たとえば、赤は「計画中」、黄色は「開発中」、緑は「完了」など。
- ユースケースとドメインクラスのマトリックス（ドメインのエンティティをユースケースにマッチさせる高レベルなクロスリファレンスリストの一種）。

ソフトウエアアーキテクトは、ソフトウエアシステムの最上層の構造を掲示することが多い。たとえば、最も重要な20のコンポーネントとそれらの関係といったものだ。これを、マーケティング用につくられた小ぎれいなプレゼンテーション用スライドなどと混同してはならない。それはアーキテクトが実際の作業に使う本物の構造であり、何カ所か新しい依存関係が手書きで訂正されていたり、不要な依存関係のところに赤字で疑問符が

書かれていたりする。

テスト担当者は、テストケースと、それによって達成するカバレッジの概要を誇らしげに掲示することがある。QAサブチームに属していない人でも、自分の仕事がQAとテストによってどのような影響を受けるのか、よく理解できる。

このような目に見える表示は、プロジェクトのすべてのメンバーに、何を自分たちが重視していて、ほかの人にも重視してほしいかを示す機会になる。

> 「情報ラジエーターでは、通行人は質問する必要はない。通りかかったときに情報に出会うだけだ」
> ── アリスター・コーバーン『アジャイルソフトウェア開発』[*1]

プロジェクトの資料を公開することは、チームのメンバー間の信頼を示している。恣意的な理由で隠しているものは何もないというメッセージを送っているのだ。不完全な点やスケジュール遅れがほかの人に見つかることを恐れる必要はない。冷蔵庫ドア・プロジェクトのメンバーは、進捗報告を「捏造」したり、よく見せたりしようという気はほとんどない。

冷蔵庫のドアは、面倒なバージョン管理や文書配布の手間を省くことにもなる。これらの掲示の多くはすぐに更新されるため、全員に最新の情報を提供できる。

廊下を歩いていると、「会計システムとのインタフェースについて、ばらばらではなくオンラインの情報の流れである点を反映して、名前を変更しました」といった掲示を見かける。角を曲がると、別の掲示がある。「最新の要求変更により、きのうの短期計画から4日分後退したのを知っていましたか?」

---

*1　Alister Cockburn, *Agile Software Development* (Reading, Mass.: Addison-Wesley, 2006), p.84.

冷蔵庫ドアの掲示には、とても自然なものがある。共有資料は、各自の業績に対する自負心を示しているばかりでなく、プロジェクトの現在地情報を示し、全員が同じ基準で作業できるようにする。その一方で、登山家、ボートチーム、疾走する白馬の写真、月並みな聞こえのいい言葉、そんなもので士気を高めようというポスターを、これ見よがしに貼る文化もある。
　どちらで働きたいだろうか。

76 明日には日が昇る

マネジャーは、将来の進捗の平均は
過去の進捗の平均を上回ると信じている。

あなたは複数のプロジェクトチームのマネジャーである。今コーヒーをいれ、チームリーダーたちと会議室に座り、現在の開発作業の進捗状況をレビューしようとしているところだ。最初にとりあげるプロジェクトは、マネジャーにとって初めてのものだ。2カ月前から始まっているが、再編によって最近自分の管轄下に入った案件である。プロジェクトマネジャーはまだ若いが、評判は上々だ。仮にジェリーと呼ぶことにしよう。

ジェリーはまず、プロジェクトについて簡単に説明する。3週間ずつのイテレーションを取り入れ、チームは3回目を終えたところだ。最初の2回のイテレーションでは、計画した作業がすべて終わらず、一部を次のイテレーションに持ち越さなければならなかった。この傾向は今も続いている。3回目のイテレーションが終わったところでは、前の2回で終える予定だった作業しか完了していない（優先順位の変更と、少々のスコープの拡大によ

り、こまかい作業の要素が一部変更された)。

　こうした状況は聞いてうれしいものではないが、さほど驚くようなことでもない。熱心なチームは、自分たちにできることを楽観的に見積もる傾向がある。特に開発サイクルの最初のうちはそうだ。これから軌道修正するのはそれほど難しくないだろう。第一、予定されたベータリリースまでにはあと5回のイテレーションがあり、安定化のためと、ベータ版に対する顧客からのフィードバックに対応するため、さらに4回のイテレーションを予定している。ただ、これらのマイルストーンにどうやって追いつくか、ジェリーの考えを確かめておきたいので、質問する。「これまでの進捗状況を考えて、どのように調整するつもりかね」

　　ジェリー　　：実は、当初のスコープとスケジュールのままで行けると思っています。
　　マネジャー：だが、そのためには、これから5回のイテレーションで、6回分の作業をしなくちゃならないだろう？
　　ジェリー　　：はい、それは別に無理なことじゃないと思います。うちのチームは優秀ですし、みんなこの日程を守ろうとやる気満々です。
　　マネジャー：それは結構なことだが、それじゃ最初の3回のイテレーションで遅れたのはどういうわけかね？
　　ジェリー　　：ああ、それですか。いえ、1つの大きな問題が起きたわけじゃありません。一度きりで済むような些細な障害が重なったんです。
　　マネジャー：たとえば？　いくつか話してくれ。
　　ジェリー　　：わかりました。ええ、先月は大規模なネットワーク障害がありました。ネットワーク自体は18時間で復旧しましたが、回復に2日ほどかかったんです。それから、ダーリーンの父親が急に亡くなり、1週間の休暇をとりました。ご存知のように、ダーリーンはプロダクトマネジャーですから、

　　　　　　　要求と、完成した機能の承認には彼女が必要です。それと、
　　　　　　　2週間前に営業担当がやってきて、これから結ぼうとして
　　　　　　　いる大きな契約について、概念実証を手伝ってほしいと言わ
　　　　　　　れました。そのため、3人が数日間作業できませんでした。
マネジャー：なるほど。どれも突発的な事情だな。ほかには？
ジェリー　：あといくつかあります。夏時間の変更で大騒ぎになったこと
　　　　　　　はご存知でしょう。あれで大量の顧客サポートが発生して、
　　　　　　　開発者の時間が食われました。ああ、それと、ジェイソン
　　　　　　　に陪審の呼び出しが来たんですが、これまで3回延期して
　　　　　　　ますから、今回は行かざるをえませんでした。それで2週
　　　　　　　間不在だったのですが、ジェイソンはオフラインサポート機
　　　　　　　能の中心的な開発者です。それで、その部分は後回しにす
　　　　　　　るしかありませんでした。
マネジャー：おやおや、次から次へだな。それを考えると、きみとチーム
　　　　　　　は、3回のイテレーションまでよくやってきたな。
ジェリー　：ありがとうございます。さっきも言ったように、すばらしい
　　　　　　　チームなんです。
マネジャー：では、イテレーション4から8までの時間のうち何パーセ
　　　　　　　ントぐらい、そういった問題に備えて余裕を見てあるんだね？
　　　　　　　〔気まずい沈黙〕
ジェリー　：ああ、ええ、こうした問題はこれ以上起こらないと思います。
　　　　　　　例外的な事情ですから。こういうことは、いつ起きるかわか
　　　　　　　りません。夏時間の問題などは、議会のせいで起きたことで
　　　　　　　すし。こういったことがどれだけ起きるかなんて……
マネジャー：だから、確認しておきたいんだ。きみは機能を削らなくても
　　　　　　　当初の日程に間に合うと考えている。それは、最初の3回
　　　　　　　のイテレーションに悪運を使い切ったからであって、これか
　　　　　　　らは幸運続きだというのかね？

ジェリーは悪いマネジャーではない。ただ、危険なほど楽観的なマネジャーである。これは、ジェリーが世の中を楽観視していて、将来、予想外の逆境がいくつもプロジェクトに生じることなど考えられないからかもしれない。しかし、ジェリーが生来の楽天家ではなかったとしても、プロジェクトの諸状況から、楽観的にふるまうようになっているのかもしれない。

　ジェリーにとってもっと現実的な方法を考えてみよう。将来、プロジェクトに平均的な不運が訪れることを見込んでいれば、何らかのスコープの縮小とスケジュールの延期を組み合わせることを検討せざるをえないだろう（人材を増やすという手もあるが、短期的にこれがプロジェクトのためになる可能性は低い）。マネジャーの反応をジェリーがどうとらえるかにもよるが、ジェリーはこのような苦しい変更が必要だと言いたくはないかもしれない。

　もうひとつ、ジェリーが機能の縮小や出荷日の延期を提案したくない理由は、この時点では、それらが必要だと証明できないからかもしれない。何も悪いことが起きさえしなければ、予定の作業は、ぎりぎりとはいえ、残った時間内に終わるはずだ。ジェリーが将来の不運に備えて機能を縮小しておきたいと言い、上司か誰かからそんな必要があるのかと問いただされた場合、まだ何も問題は起きていないのだから、具体的に何かのせいで機能を縮小すると説明することはできない。

　エクストリーム・プログラミングには、このような楽観主義に対するエレガントなアプローチがある。「昨日の天気」[*1]といわれる方法だ。次のイテレーション（計画中のイテレーション）の生産性が、その前のイテレーション（完了したばかりのイテレーション）で経験した実際の生産性と同程度だと想定するのだ。昨日の天気を使うにせよ、独自の調整方法を用いるにせよ、確実に言えるのは、プロジェクトに将来不運が訪れる確率はゼロではないということだ。ならば、それなりの備えをしておくべきである。

[*1] Kent Beck and Martin Fowler, *Planning Extreme Programming* (Boston: Addison-Wesley,2001), Chapter 8, pp. 33-34.
（邦訳　ケント・ベック、マーチン・ファウラー『XPエクストリーム・プログラミング実行計画』長瀬嘉秀・飯塚麻里香訳、ピアソンエデュケーション、2001年）

77

パイリングオン

ステークホルダーは、支援を装って
追加追加でプロジェクトを膨れ上がらせ、ついには失敗に追い込む。

　アメリカンフットボールの「パイリングオン」とは、すでに倒れているボールキャリアの上に守備側のプレーヤーが飛び乗る行為である。ボールキャリアの背中にのしかかるラインマンの巨体の重みには、ボールキャリアが無謀にも再び自分たちの陣地にボールを運ぼうとしないように、相手にメッセージを送ろうという意図がある。もちろん反則だ。

　プロジェクトにおけるパイリングオンは、コストと効果のバランスが微妙な製品に、ささやかな機能を追加するという形で行われる。このような行為は、一見建設的なようだが、その本当の目的は荷重をかけることにある。これは、ピーター・キーンが「反インプリメンテーション」と呼ぶものの変化形である。キーンは、その代表的な論文[*1]の中で、新しいプロジェクトをダメにしようと思ったら、公然と対立するような危険なまねをする必要

はないという興味深い意見を述べている。代わりに、「プロジェクトがそのすばらしい約束を果たせるように」と称し、数十個の追加や改良を提案することで、究極の信任投票を与えればいいという。

　開発期間を多数のイテレーションに分ける方法をとっているプロジェクトチームは、パイリングオンに対する免疫はなくとも、もともと強力な防御策をもっている。イテレーションの連続を計画する過程で、重要なものからパイリングオン的なものまで機能の評価をして、それにしたがって優先順位をつけなければならないのだ。初期のインプリメンテーションでは重要な機能のみを実装し、その他の機能は最後に追加する。次の機能を追加したときに、効果の増分よりコストの増分の方が上回ると見られる場合、プロジェクトは終了を宣言すればよい。肝心な部分は先に完成されているため、誰かがプロジェクトを継続させようとしても無視できる。

　反インプリメンテーションは、さまざまに形を変えて（ぜひキーンの論文を読んでほしい）遍在するため、そのようなものはないと言うなら、よく観察していないだけである。

＊1　Peter G.W. Keen, "Information Systems and Organizational Change," *Communications of the ACM*, Vol. 24, No. 1 (January 1981), pp.24-33.

78

変更の季節

プロジェクトの期間中に何度か、
スコープを変更する絶好の機会が訪れる。
それらはたいてい、イテレーションの切れ目に関係している。

※ 木版画　Bobby Donovan

　ソフトウエア開発プロジェクトは、選択の連続である。なかには基本的な選択もあれば、あまり影響のない選択もある。前者のうち、開発中に行う決定のなかでもとりわけ影響が大きいのは、スコープの定義、すなわち何が範囲内で何が範囲外かである。

　プロジェクトのスコープの決定は、ジレンマに満ちている。なるべく早くきちんと決める必要があるが、かならずと言っていいほど途中で調整が必要になる。結局、作業を完了したいため、スコープの変更に対する許容

変更に対する
許容度

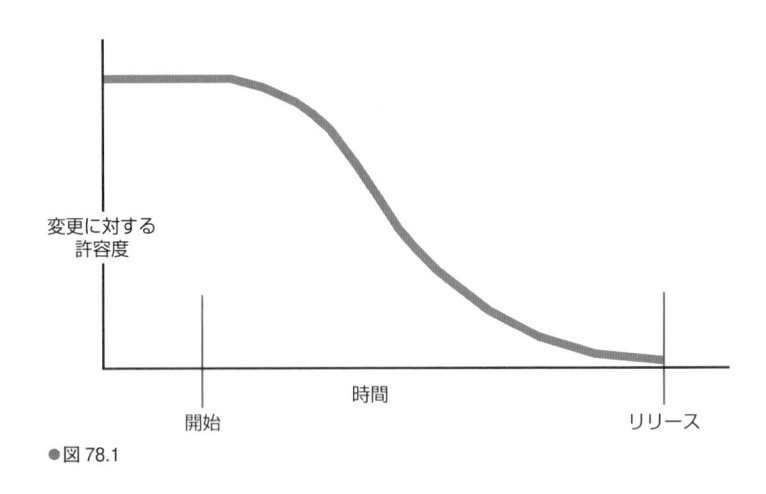

時間

開始　　　　　　　　　　　　　　リリース

● 図 78.1

度は、図 78.1 のように徐々に下がっていくことになる。

　この図のとおり解釈すれば、プロジェクトの期間中、スコープは絶えず変更できると考えられる。たしかにそれは可能だが、ほとんどのプロジェクトマネジャーは、スコープの変更が発生するたびに受け入れるのは実際的ではないとわかっている。なぜか。スコープの変更は流れを中断するからである。スコープの変更は、メンバーの日常業務に大きな影響を及ぼす可能性がある。人びとは変更に照らして自分の作業を見直し、それによってプロジェクトの進行が遅くなる。

　スコープを調整するニーズと、プロジェクトを前進させ続けるニーズのバランスをとるため、開発プロジェクトを短いイテレーションに分け、それぞれの間はスコープの変更を制限するチームが多い。最初のスコープの定義は、最初のイテレーションで使われ、そのイテレーションが終わるまでは変更できない。一方、2 回目のイテレーションを計画する人たちは、スコープの変更を検討できる。ただし、各イテレーションの間は、開発者やその他のチームのメンバーのじゃまはしない。

　このパターンは、図 78.2 のようになる。

　注意しておくが、この方法が有効なのは、イテレーションが比較的短期

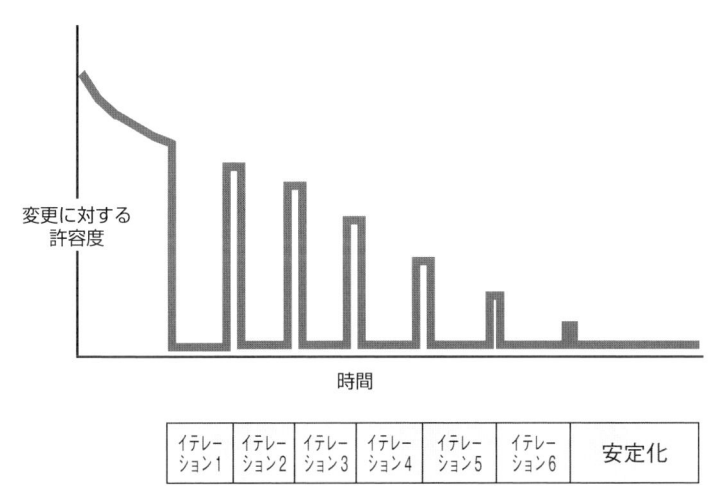

●図 78.2

間の場合のみである。長いイテレーション（たとえば 12 週間）の期間中、すべてのスコープの変更を先送りにすることは賢明とは言えないし、そもそも不可能な場合もある。プロジェクト自体の進化を止めることなく、スコープの変更による中断を最小限にするには、1 回のイテレーションは 2〜6 週間が適切である。

79 製紙工場

組織は、作成された文書の重さと数によって
進捗の度合いを測る。

プロジェクトは、問題を十分に理解することによって、与えられた制約に合った解決方法を発見するための旅である。旅の間に理解したことを、さまざまな面からとらえて多くのステークホルダーに伝える必要がある。そして、それは書類と電子文書の組み合わせによって伝えられるのが通常である。このコミュニケーションを考えるにあたっては、次のような問題を考える必要がある。「どのような内容を伝えようとしているのか？」そして、「それを最も効果的に伝えられる媒体は何か？」これらの難しい問題に対処できなければ、伝える情報が多すぎたり少なすぎたり間違っていたりして、相手は必要なフィードバックを返すことができない。

次のような言葉は、聞き慣れたものだろうか。

- 「週末までにフィージビリティレポートをつくらなくては」
- 「来週の火曜までに機能仕様書を準備しなくては」

- 「この会議の正式な議事録を関係者全員に配布しなくては」

　これらの言葉に対し、どうしてと質問すると、次のような答えが返ってくるだろう。「プロジェクトのこの段階でこの文書をつくらなくちゃいけないからだ」。しつこく「その文書には正確にどういうことを書くんですか？ 何のための文書ですか？ 誰が何の意思決定のために使うんですか？」とたずねると、相手はそこまで知らないことがわかる。人びとは、それが次にやることだからという理由で文書をつくっているのだ。

　プロジェクトにこのような行動が見られたら、そこは製紙工場なのかもしれない。

　製紙工場では、すべての活動に文書の作成がかかわり、進捗状況は、文書の内容ではなく、どれだけ多くの文書を作成したかで測られる。製紙工場の原則はこうだ。万一誰かに何かが必要になったときのために、全員にすべてを渡しておこう。

　製紙工場のもうひとつの特徴は、各種文書の内容にきちんとした相互関係がないことだ。たとえば、ある文書に書かれたプロセスは、別の文書ではまったく、あるいはわずかに違った名前で書かれていることがある。人びとはそれらは同じものを指すのだろうと推測するが、正式に追跡する方法はなく、憶測や混乱の余地が大いにある。このパターンに見られるもうひとつの徴候は、人びとが文書を手元に置くことにこだわることだ。何かを作成すると、それが何であれ、「コピーを1部もらえる？」とたずねられる。誰もがすべてのコピーをほしがる。

　製紙工場の弊害は、人びとが作成された文書の重さばかりに注目して、はるかに重要なことについて考えるのをやめてしまうことだ。それは、自分たちがプロジェクトの目標に貢献する有益な仕事をしているかどうかということだ。

　製紙工場ではないプロジェクトは、入出力、ビジネスプロセス、ユースケース、制約、機能、動作するコードのモジュール、ファンクションポイント、データ要素、その他プロジェクトに適した数字など、チームが合意した客

観的な測定値を使う*1。

　このようなプロジェクトチームは、自動的に文書をつくるのではなく、その他の方法で進捗状況を伝えることを考える。ホワイトボード、テレビ会議、ブログ、プロトタイプなどをコミュニケーション媒体として使う。また、プロジェクトの成果物は中央のプロジェクトライブラリに置き、必要な人が自由に入手できるようにして、個々の文書がどこかへしまい込まれないようにする。

　重要なのは、作成される文書はすべて何らかの明確なニーズを満たすもので、その内容はプロジェクト全体の知識にもとづくべきであるということだ。

---

*1　プロジェクトの実際のニーズに応じてプロセスとドキュメンテーションを調整する話については、パターン12「レミングサイクル」を参照。

80

オフショアの愚行

経営陣は、低賃金に目がくらんでオフショア開発計画を始めるが、
開発サイト間のコミュニケーションは複雑になる。

　　ソフトウエアマネジャー同士の議論を引きだす確実な方法のひとつは、オフショア開発の話題を持ちだすことだ。過去15年で、ソフトウエアのオフショア開発とサポートチームの利用は、主流を外れた一部の流行から業界に必要不可欠なものになったが、いまなお論議の的である。オフショア開発をこの先避けて通れない道と見るマネジャーもいれば、無知なコスト削減派のやけくそだとするマネジャーもいる。さらに、便利な手段になる可能性があり、ともなう難題は大きいが乗り越えられると見る向きもある。誰もが一致しているのは、オフショア開発がひどい間違いにおちいる可能性は何通りもあるということだ。次に挙げるのは、のちのオフショア事業の運命を定めた経営者たちのひらめきの例である。

- 「これからは、国内の人員が減ったら、ゼムリャフランツァヨシファで後任を採用しなくちゃいかん」

- 「ポートレットコンポーネントの完成に必要な作業量を低く見積もっていたようだ。アンドラには、これから2カ月ほど手が空いている開発者が3人いるそうだ。かれらにここのチームの作業を手伝ってもらおう」
- 「なんてことだ、次のリリースのスケジュールはかなり厳しいな。十分な開発者を確保するには、オフショアで契約するしかない。そうすればもっと早く終わるだろう」

これらの言葉は、サイト間コミュニケーションとサイト間イテレーションのコストの高さに対する認識不足を露呈している。複数のサイトに適当に（たとえば、人員が減ったときなど）作業を割り振ると、必要最低限のサイト間コミュニケーションの量は大幅に増大する。同様に、第一線の従業員に任務やフィードバックを与えるマネジャーが別のサイトにいたら、サイト間で必要なコミュニケーションは、頻度も量も大幅に増加する。

この根底にある法則は、何も新しいものではない。われわれは長年、システムの複雑さを制御するために、おもなサブコンポーネント間のインタフェースの複雑さを最小限におさえるようにシステムを分割しろと教わってきた。同じことが開発チームのワークフローの設計にも言える。チームが複数の場所に分かれたグループで構成される場合、特にその一部が離れたタイムゾーンにある場合、コストは大幅に増大する。海を越えて頻繁に大量のコミュニケーションやイテレーションを行う必要性は軽減したい。こんな事態は避けたい。

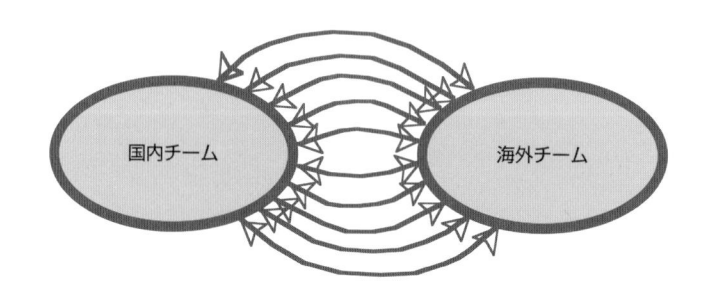

国内チーム　　海外チーム

オフショアの愚行におちいっていないかどうかは、どうすればわかるだろうか。次のような徴候がないか注意してみよう。

- すべての場所にいる開発者が同期をとれるように、開発サイクルを通じて毎日午前6時（あるいは午後8時）に会議が行われる。
- 国内の3人のマネジャーが、オフショアの2人の開発者の作業を管理しようとしている。
- 第一線の従業員の直属の上司が、4時間以上離れたタイムゾーンにいる。
- オフショアサイトが6つの製品の機能開発を担当しているが、自分たちのサイトでは何も最終製品を出荷していない。

とはいえ、オフショア開発資源の利用を思いとどまらせたいわけではない。われわれは90年代初期から海外パートナーとともに成功してきた。その可能性を最大限に生かすために、こんな年寄りからの助言を聞いてほしい。

1. イテレーションはローカルで。迅速なイテレーションを必要とする作業フェーズは、国内でも海外でも、できるだけ1つのサイトに割り当てる。
2. オフショア開発モデルを使う場合、最初の数回は、国内で同じことをするより時間がかかると認識しておくこと。チームがオフショア開発の成功を支える新しい力をつけるまで、時間が必要である。
3. オフショアチームは、ほとんどの点で国内チームと変わらないことを知っておくこと。かれらはやりがいのある有意義な仕事をしたいと考えている。これらの市場でも、優秀なソフトウエアエンジニアには選択肢がある。かれらはスキルを高める機会が得られるおもしろい仕事に引きつけられる。保守ばかりの搾取工場からは逃げていく。
4. 各サイトの目的を育てる。サイトには精神が必要だ。健全なサイトと不健全なサイトを隔てる要因はいろいろとあるが、活気のあるサイト

は、たいてい具体的な使命があるのが特徴だ。具体的な製品やシステムを開発するか、大きな製品やシステムのうち名前のついた重要な部分を開発している。逆に、多数の雑多な開発を行い、特に共通の目的もなく各チームをサポートするサイトは、エネルギーも士気も低い場合が多い。オフショア開発サイトと契約する場合、まず、各チームがそのサイトの使命にどれだけ共鳴するかを考えることだ。

これらのステップ、とりわけ4番目に注意すれば、国内の愚行も避けられるはずである。

81

作戦会議室

専用の作戦会議室を使うことで、
プロジェクトの中心が定まる。

　毎年、わずか10件かそこらだが、専用の作戦会議室をもつプロジェクトに出会う。作業の成果物や資料が壁を飾り、プロジェクトの共通スペースでメンバーが対話する。このパターンは大きな流れとは言えないが、このようなプロジェクトはまっしぐらに成功へ向かう傾向があるため、分析する価値があるだろう。

> 作戦会議室を設ける価値のないプロジェクトは、実行する価値のないプロジェクトではないかと思うようになってきた。
>
> —— TDM

　作戦会議室は、直接会って存分に対話することがプロジェクトの成功のために必要だという姿勢のあらわれである。また、作業の成果物を積極的

に掲示することは、チームの結束を強めるためにも、作業を遂行するためにも重要だという主張のあらわれでもある。さらに、誰かにプロジェクトの成功のために積極的に投資する意思があることをはっきり示している。不動産は投資の原型であり、不動産を割り当てられたプロジェクトは、そのプロジェクトの重要性を示す強力なシンボルをもっていることになる。

たいていの作戦会議室は、ただ会議室を占有しただけのものだ。プロジェクトチームのメンバーが全員または数人入れて、少数のビジターの居場所がある広さである。プロジェクトのメンバーはほぼ毎日、作戦会議室の中か近くにいる時間があり、たいていその場所で重要なインタフェースに関する議論や、設計や設計変更の会議を行う。

常時掲示されている資料には、進行中の成果物、設計、スケジュール、PERT図、工数積算表、リスクリスト、作業分解図（WBS）、各種作業成果、管理資料などがある。メンバーは、計画や設計に関するおもな資料を探したいときやチームメイトの貢献度を眺めたいときなど、作戦会議室に自然と足が向く（この現象については、パターン75「冷蔵庫のドア」に詳しく述べた）。最良のケースは、各メンバーのプライベートな作業スペースが作戦会議室の隣にあって、作戦会議室とその周囲が明確なプロジェクトの領域になっていることだ。

プロジェクトマネジャーは、作戦会議室にいることが多い。この場所でプロジェクトの脈動を維持する。掲示されている資料や作業成果の一部はマネジャーのものなので、それらの分析と更新は、当然マネジャーの仕事である。

次に述べるのはわかりきったことだが、それでも書いておく価値がある。プロジェクトに作戦会議室があると宣言し、そのためのスペースを確保するだけでは効果はない。難しいのは、作戦会議室をプロジェクトの活気あふれる有機的なプロジェクトの要素にすることである。作戦会議室は、プロジェクト自体が選んだ方向性のひとつにならなければいけない。それが、時として見られるように、作戦会議室が魔力をもつ唯一の方法である。

82

何のにおい?

組織の中にいる人は、
組織の根底にある生命力にも腐敗にも気づかない。

- マダムフルリーのベーカリーは、フランスアルプスのシャモニーの村にある。毎朝、焼きたてのパンやクロワッサンを買いに店に入った客は、思わず顔をほころばせる。それほどおいしそうなにおいがするのだ。マダムフルリーとスタッフは、うっとりした客にすばらしいサービスを提供するが、自分たちには笑顔はない。
- ロングアイランドの東の端にはカモ農場がいくつかある。ほとんどは家族経営の農場である。カモ農場に近づくと、見えなくても、看板を読まなくても、においでわかる。たとえようのないにおいである。間近まで寄ることができたとしたら、思わず涙が出てくる。家族はどうしたら朝な夕なカモ農場で働けるのだろう。カモの排泄物のにおいを感じないからとしか考えようがない。

プロジェクトや組織全体の比喩的な意味でのにおいは、かなり強いのが普通だ。パン屋からカモ農場までさまざまだが、中にいる人の嗅覚は、においのせいで麻痺している。
　すべての労働者は、自分の組織のにおいを知って、次のどの行動をとるか決める必要がある。

- 深呼吸をして何も変えない。
- 窓をすこし開ける。
- 燻蒸（くんじょう）消毒する。

　組織の中で自分の地位がどうあれ、においは自分では判断できない。外の世界から新鮮な鼻をもちこみ、自分のまわりをかいでもらう必要がある。おもしろいことに、しばらくプロジェクトに関わっていると、ほかの組織ではこの仕事ができるようになる。におい専門家協会の地方支部をつくって、「さあかごう、これが現実だ」プログラムを実施できるかもしれない。
　われわれは、長年にわたってさまざまな組織のにおいをかいできた。説明はしないが、パン屋とカモ農場のほかに、次のようなにおいを実際にかいできた。

- 老人ホーム
- サルのおり
- ティーンエージャーの寝室
- 舞台裏の化粧室
- 海風
- 腫瘍専門医の待合室
- 白カビ
- 運動場
- 漏電火災
- シガーバー

においで組織の種類を推測できないとしたら、自分がその中の一員か、その種のオフィスに入ったことがないかだ。

レーナード・スキナードの歌詞にもある。「あのにおいがわからないのか？」

身につかない教訓

チームは間違いを認識しているが、
それでも同じことを繰り返す。

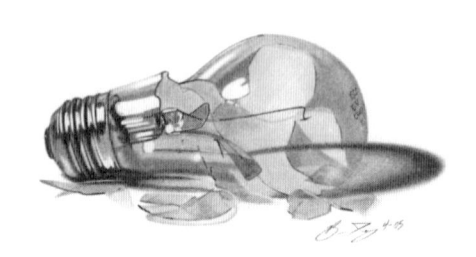

プロジェクトで重要な活動は何か。

　　コードを書くこと？　──もちろん！
　　要求をきちんと定義して、それと照らして製品をテストすること？
──たしかに。
　　設計をすること？　──ああ、そうだな。
　　プロジェクトのあとで反省会を開いて、作業手法を改善すること？
──何を開くって？　反省会？　なぜそんなものに無駄な時間を使うんだ？　前のプロジェクトから何も変えられはしないんだ。以上！　それに、瞑想なんかやってる時間はない。次のプロジェクトはもう予算もついてるんだ、早く始めた方がいい。

※ 鉛筆画　Brian Duey

自分の会社ではこんな反応があたりまえだという人、あなたはひとりではない。

プロジェクトの成功と失敗を事後に検証しない言い訳のひとつは、時間がないことだ。もうひとつの言い訳は、もっとひねくれている。「自分たちの過去の間違いをほじくり返して何のいいことがあるんだ？　どっちにしろ、うちの会社は何も変えさせてはくれないさ。それに、最近やっとCMMIがレベル3に上がったところだ。今のやり方を守らないと、またレベル2に戻ってしまうぞ」

どちらの言い訳も、前回犯したどんな間違いでも確実に繰り返すもとである。誰もが失敗と認識している失敗は、ふり返って次に生かすことができない。そのため、ふたたび同じ失敗を繰り返すのだ。

プロジェクトの最後に反省会を開くことは、方向としては正しいが、それだけで十分とはかぎらない。やってはみたが効果がないということもありうる。こんなやりとりを見てみよう。

　「ここでは、ほとんどのプロジェクトで反省会をやっている。チームに2時間与えて、プロジェクトの良かった点と悪かった点を考えさせよう。思っていることを吐き出したら気分がよくなるはずだ」
　「それから？」
　「うむ、それから全員次のプロジェクトにとりかかる」
　「前にやったのとまったく同じことをやるんですか？」
　「ああ、まあだいたいな」

どうしてこんなことが起きるのか。どうして反省会が変化を促進するものではなく、おもにガス抜きの手段にされてしまうのか。これらの反省会は、明確に「変化のための手段」と理由づけられている。これは正しいようだが、言葉が1つ抜けている。実は、これらは「気持ちの変化のための手段」である。これがやっかいな点だ。

事後に反省会を行うプロジェクトは、厳密にはプロジェクト内部のもの

ではない問題に焦点をあてることがある。これらの問題は、外部からプロジェクトに押しつけられた制約に根本原因を発するものである。組織のインタフェース、政治的垣根によるアクセスの悪さ、口先だけの仲介者、人員不足、初期の人員過剰、妨げになる標準の押しつけ、とんでもないスケジュール、事務的サポートの不足など。これらの問題はチームの専門外なので、その解決には関わらないと宣言されることがある。

ついでに言うと、完全にチームの専門内の問題について変化を起こすことは、気が遠くなるほど難しい。要するに、八方塞がりなのだ。外部の変化は、政治的理由から難しく恐ろしい。内部の変化は、運営上の理由から難しく恐ろしい。反省会が単なる不平の言い合いになり、真剣に何かを変えようという姿勢に結びつかないのも不思議ではない。

反省会のプロセスがほとんどガス抜きで終わった場合、結論として公表されるのは所見ばかりで、アクションアイテムがないことに気づくはずだ。この現象を逆転させるのは、しくみとしては単純なことだが、実際にやってのけるのは容易なことではないだろう。重要なのは、チームの権力基盤の内部と外部の両方の問題について、アクションアイテムを決めるよう主張することだ。役に立たなかったことや障害になったことを確認したら、それらを1つずつ、次のイテレーションやリリース、または次のプロジェクトに適用するアクションアイテムに結びつける。これによって、反省したチームは建設的設計モードに入る。アクションアイテムの中には組織全体で取り組むべきものもあるが、突飛なものであってはならない。内部のプロジェクト手順の設計と同じように、実現可能性の基準をクリアしなければならない。

反省会を開くにあたってよく使われるしかけは、全員に、プロジェクトについて良かった点と悪かった点を最低1つずつ考えてくるよう指示することだ（これによって参加者は、普通なら無関係とされる問題を持ちだすこともできる）。同様のしかけによって、うまく変化をもたらすような形で反省会を終えることもできる。完全にチームの領域に属するアクションアイテムを少なくとも1つと、部分的または完全に外部に属するアクションアイ

テムを少なくとも1つ決めるよう主張するのだ。

　どのアクションアイテムにも、次回問題を回避するために、手法や任務や人間同士のインタフェースや押しつけられた制約を変える方法を示す必要がある。アクションアイテムは明確でなければならず、具体的にどのような努力をするのかを示すもの、つまり変化の道案内をするものでなければならない。アクションアイテムは、道案内する領域だけに変化の対象をしぼるため、外部の権力者からも受け入れられる可能性が高い。

　反省会はプロジェクトの最後に行われることが多いが[*1]、たとえば各イテレーションや各リリースが終わるたびに、中間ミニレビューを行うのもよい。

　反省会で成果をあげる組織には勇気がある。自分たちのアプローチとプロセスと組織構造を批評され、時には厳しく批判されることを受け入れ、真剣に変化を検討する意思があるということだ。このような組織には働く楽しみがあるだろう。変化を促進する機会があることは、企業文化の中でもとりわけ価値ある一面である。

[*1] 反省会を行う方法に関する貴重なアドバイスは、Norman L. Keith, *Project Retrospectives: A Handbook for Team Reviews* (New York: Dorset House Publishing, 2001)を参照。

84

生半可なアイデアの美徳

チームは、生半可に思えるアイデアでも育てようとする。

　チームのメンバーが一見生半可に思えるアイデアを出ししぶると、進捗は遅くなり、止まってしまうこともある。強いチームは、未完成のアイデアでも安心して口にする。このようなことを奨励しているチームは多い。最初のアイデアが完全ではない場合、改善すればよい。それが可能な環境なら。

　生半可なアイデアは、プロジェクトの期間中に重要な役割を果たすもの、守って育てるべきものである。たとえば、ブレーンストーミングやその他の創造的ワークショップがうまくいくのは、そのアイデアがどれほど不完全でも、不可能に思えても、ばかげているようでも、メンバーが思いついたことを臆せず発言できる場合にかぎられる。さらに、個人的な批判や嘲笑を恐れずに思っていることを言えることだ。われわれの経験から言って、どれほど生半可なアイデアでも、尊重して存続させれば、貴重な商品になる場合がある。

しかし、生半可なアイデアを発展させるには、これまでのやり方を変える必要があるかもしれない。人、チーム、組織によっては、あきらかにすぐに実行できるアイデア以外は当然のように破棄されてしまうからだ。このため、アイデアを提案しようとする人は、よく考えて隙のないよう完璧に準備してから、誰が見ても価値があるとわかるように提案しなければならない。そこまでやらなければ、アイデアが破棄されてしまうからだ。このような組織の文化は、完全武装しないかぎりアイデアを口に出せないようにすることで、結果としてグループによる改良の効果を否定し、プロジェクトに次々とイノベーションが起きる可能性を封じてしまっている。ほとんどのアイデアは、たとえ完璧でなくても、複数の人間で改良すればよいものになるはずなのだが。

人は、何かを新しく考えることよりあるものを改良することを得意とし、たいていのアイデアは、根気よく取り組めば改良できる。チームの全員が優れたアイデアを思いつくわけではなく、全員が思ったとおりに言葉にできるわけでもない。仮のアイデアはたたき台になり、活発な議論を呼ぶ場合もある。チームの議論を通してアイデアは成熟し、向上する。もちろん、すべてのアイデアが通るわけではないが、チャンスはすべてに与えられる。

アイデアは自由だ。どうしようもなく時間が足りないのでなければ、すぐに実行できないからといって、あわててアイデアを捨てる必要があるだろうか。必要なものは「自由」である。チームのメンバーが、生半可なアイデアを提案してもよいと感じられる文化である。

※ ジェームズ・ダイソンの生半可なアイデアである遠心分離式掃除機が商品として結実するまで、実に15年の歳月と5000台以上のプロトタイプを要した。ダイソンのあるモデルは、現在、アメリカ、イギリス、アイルランド、スペイン、ベルギー、スイス、オーストラリアで最も売れている掃除機であり、別のモデルは日本でベストセラーになっている。

85

リーク

時間とコストは、注意深く測定されるカテゴリーから、
さほど厳しく測定されないカテゴリーへと「逃れる」傾向がある。

　こんなジレンマがある。会社の新しいポータル用のちょっとしたインタフェース要素を引き立たせるため、あるサーバーサイドのコードを仕上げるのに忙しい。もうこんなものに 15 時間もかかっているが、まだうまくいかない。コードを眺めて途方に暮れていると、プログラムマネジメントオフィス (PMO) の担当者が立ち寄り、今週のタイムシートのことをやかましく言ってきた。「すぐに PMO システムにログオンして、数字を入力してください」。そこでログオンすると、今週時間をかけてきた「5321 動的ポータルのインタフェースの実装」がほぼいっぱいであることに気づいた。あと 15 時間もかけると、この業務に割り当てられた時間を使い切り、やむなく次のように質問される。「それで、できたのか？」もちろん、できていない。ひとしきり不愉快な顔をされたあと、間違いなく次にくる質問は「それで、いつできるんだ？」である。ぞっとする。そんな目にはあいたくない。

　さいわい作業分解図には、まだ時間を記録していない「5977 応答時間の

調整」がある。この15時間にやってきた作業をふり返ってみると（それほど厳密に見る必要はあるまい）、動的ポータルのインタフェースの実装も応答時間の調整も似たようなものではないか。うん、似たようなものだ。そこで15時間を5977番につける。作業分解図にはあいまいな部分が多いため、時間の報告のしかたを多少いじる余地がある。

　ある作業の時間がほぼいっぱいになると、管理者に注意深く監視される。割り当てられた時間を使い切ると、その作業は完了とみなされるからだ。ほかの作業には誰も注意していない。それはマニャーナより先のことだからだ[*1]。軽い気持ちで15時間をある作業から別の作業へ移すことを、われわれは「リーク（漏出）」と呼んでいる。

　ほとんどのプロジェクトには、2種類のリークがある。上記の例のように、完了した時点で違った作業に分類する場合と、作業の一部を期日の遅いタスクに繰り延べる場合である。タイプ2のリークは、タスクの記述が厳しければ無理だが、たいてい、少なくとも作業の一部を早いタスクからあとのタスクに繰り延べるぐらいの余地はある。どちらのタイプのリークでも影響は同じである。プロジェクトに目に見えない遅れが入り込む。プロジェクトの終盤の業務について、作業を追加するか、時間の割り当てを減らすことになり、期日までに完成することは難しくなる。

　リークには次のような例がある。

- 時間または人員をほぼ使い切った業務は、割り当ての残っている業務より注意深く監視されるため、前者から後者へと作業が漏れ出る（これがタイプ1のリーク、「カテゴリー違い」である）。
- 完成期日の近い業務は、期日の遠い業務より注意深く監視されるため、作業をあとのタスクへ移動するというリークが起こりやすい（これが作業の一部を繰り延べるタイプ2のリークである）。
- すぐに処理すべき要求関連業務の作業が、コーディングやテストの一

---

*1　パターン7「マニャーナ」を参照

部になる（タイプ2）。
- イノベーション関連業務はあいまいに定義される傾向があるため、ここへなんでも放り込まれる場合がある（これもタイプ1）。
- 簡単な作業は難しい作業より前に終わることが多い。これは、注意深く監視さている「すでに完了したこと」カテゴリーから、もう少し漠然とした「まだ残っていること」へのリークの一形式である。
- 作業が完全に、プロジェクトからプロジェクト後の保守業務へとリークする。

リークは単なる報告上の問題で、プロジェクト作業の過去のプロファイルを編纂しようとしている人しか興味をもたないと思われるかもしれない。しかし、リークはいつのまにかプロジェクトに影響を及ぼしている可能性がある。リークのせいで部分的に、また場合によっては完全にコントロールを失うことがある。プロジェクトから作業が完全にリークすると、質の悪い製品ができ、完成後に何度も修正が必要になる。このため、管理者は製品の品質をコントロールできなくなる。また、（期日に間に合わせるために）初期の業務から難しい作業がリークすると、あとになるほど難しい作業が増え、95パーセントまで完了したところで、5パーセントよりずっと長い時間立ち止まることになる。

> 「ほとんどの人は、お金の価値は理解しているが、時間の金銭的価値は理解していない」
>
> —— スティーブ・マクメナミン

86

テンプレートゾンビ

プロジェクトチームは、製品を完成するために必要な思考プロセスによってではなく、テンプレートによって作業を進める。

このボックスには
何か書かれていますか？

はい

このボックスはどうですか？

上記を参照

　文書の内容を検討することより、標準文書を作成することに懸命になっているプロジェクトチームを見つけたら、そこはテンプレートゾンビの国である。ここには空白を埋めることへのこだわりがあり、たとえば品質チェックは次のように進む。

　「プロジェクト開始文書が完成しました」
　「どうして完成したと言える？」
　「各見出しの下に書き込みましたから」
　「そうか、ならそれは完了でいい」

　テンプレートゾンビの国では、フォームが最優先である。文書の内容について考える必要はない。まったく何ひとつ考える必要はない。大事なのは、決められた見出し全部の下に何かが書いてあることだ。驚くことではないが、テンプレートゾンビはカット＆ペーストの技に長け、テンプレート

の指示に合わないことは無視するのが得意である。

　テンプレートがかならずしも悪いものだというのではない。それどころか、チェックリストやフレームワークを使って質問を設定し、経験を伝えるにはとても良い方法である。しかし、テンプレートが固定化し、どのプロジェクトも前のプロジェクトの写しだと組織が考えるようになると、問題が起きる。テンプレートゾンビは、テンプレートのすべてのボックスが埋まってさえいれば、成功間違いなしと信じている。プロジェクトはすべて違うというやっかいな現実に直面し、テンプレートをガイドとして使うのではなく、心を無にして空白を埋めたいという誘惑に負けてしまう。

> 　私が出席したあるレビュー会議で、チームのメンバーが設計のアイデアについて話し合っていた。誰かが、テンプレートにはそんなアイデアを書く項目はないと反論した。その件はあとで別の文書に入れることになっているというのだ。チームはテンプレートを変更するのでなく、アイデアを却下した。
>
> 　別の組織では、チームが反乱を起こした。上層部が、外部の方法論の専門家がつくった標準テンプレートを使うようチームに命じたのだ。これらのテンプレートは、数字付きぬり絵キットの最悪の例のようなしろものだった。数字どおりの絵の具を選べば間違いないというわけだ。チームはひそかに、本当の仕事ができる方法を採用した。そして、方法論のルールを満たすために、事務員にまったく無意味なテンプレートを埋めさせた。できあがった文書は誰も読まなかったが、必要なページ数がそろっていたので、申し分ないと判断された。
>
> 　　　　　　　　　　　　　　　　　　　　　　　　　　—— SQR

　いつもテンプレートの見出しの下に何か書き込むのを苦痛に思っているとしたら、それは内容ではなくフォームによって動かされているということであり、テンプレートゾンビの領域へ向かっているということだ。同様に、開発プロセスの中で、テンプレートに合わないからという理由でモデルやそ

のほか役に立つものを組み込めないとしたら、すでにテンプレートゾンビの領域にいるのかもしれない。プロジェクトに関する話題が、書式、レイアウト、フォント、ナンバリングシステムのことばかりになっていたら、テンプレートゾンビが暗闇の中をひたひたと近づいてくるところだ。

クレジット

Introduction：Copyright © 2007 by Peter Angelo Simon (www.PeterAngeloSimon.com)
Pattern 1, "Adrenaline Junkies"：Artwork by Kelley Garner,supplied by iStockPhoto
Pattern 2, "Rattle Yer Dags"：Photo © Byron W.Moore,supplied by BigStockPhoto
Pattern 3, "Dead Fish"：Copyright © by Stefanie Timmermann/iStockPhoto
Pattern 4, "Happy Clappy Meetings"：Photo courtesy of Chris Linn, Corporate Entertainer (www.chrislinn.com) used with permission
Pattern 5, "Nanny"：Copyright © by Darryl Mason/iStockPhoto
Pattern 6, "Referred Pain"：Copyright © 2005 Tari Faris/iStockPhoto
Pattern 7, "Mañana"：Photograph by Mark Lisao (markldxb@gmail.com)
Pattern 8, "Eye Contact"：Copyright © 2006 by Leah-Anne Thompson/iStockPhoto
Pattern 9, "Management by Mood Ring"："Mood Ring" by Bruce MacEvoy (www.handprint.com)
Pattern 10, "True Believer"：Copyright © by Joseph Jean Rolland Dubé/iStockPhoto
Pattern 11, "Lease Your Soul"：Rembrandt's "Faust," from the Wikipedia Commons
Pattern 12, "System Development Lemming Cycle"：Photo by llwill/iStockPhoto
Pattern 13, "No Bench"：Photographer:gocosmonaut/iStockPhoto
Pattern 14, "Face Time"：Copyright © 2007 by Lise Gagne/iStockPhoto
Pattern 15, "I Gave You a Chisel. Why Aren't You Michelangelo?"：Copyright: Aleksandr Ugorenkov/iStockPhoto
Pattern 16, "Dashboards"：Diagram by James Robertson
Pattern 17, "Endless Huddle"："Academe: Faculty Meeting," burin engraving, 3.9 inches x 6.1 inches (100mm x 155mm),©Evan Lindquist/VAGA/New York & SPDA, Tokyo, 2009
Pattern 18, "Young Pups and Old Dogs"：Photo by Timothy Lister
Pattern 19, "Film Critics"：Artist:Dan Leap/iStockPhoto
Pattern 20, "One Throat to Choke"：Copyright © Tim Pannell/Corbis/amanaimages
Interlude, "Project-Speak"：Copyright © Alexei Garev,used with permission
Pattern 21, "Soviet Style"：Copyright © 2007 by Milan Ilnyckyj (sindark.com)
Pattern 22, "Natural Authority"：Drawing by Tom DeMarco
Pattern 23, "The Too-Quiet Office"：Photographer:Zennie/iStockPhoto
Pattern 24, "The White Line"：Photo by David Lee | Agency:Dreamstime.com
Pattern 25, "Silence Gives Consent"：Copyright:Karen Squires/iStockPhoto
Pattern 26, "Straw Man"：Photo by Suzanne Robertson
Pattern 28, "Time Removes Cards from Your Hand"：Photo by Emin Ozkan/iStockPhoto
Pattern 29, "Lewis & Clark"：Supplied by Images of American Political History
Pattern 31, "Rhythm"：© Nicemonkey | Dreamstime.com
Pattern 32, "The Overtime Predictor"：Copyright © by Maciej Laska/iStockPhoto
Pattern 33, "Poker Night"："Card Players" by Pro Hart,used with permission
Pattern 34, "False Quality Gates"：Graphic by Kativ/iStockPhoto
Pattern 35, "Testing Before Testing"：© Undy | Dreamstime.com
Pattern 36, "Cider House Rules"：Copyright © by Bruce Lonngren/iStockPhoto
Pattern 37, "Talk Then Write"：Photo by Scott Olson,Copyright © 2007 Getty Images
Pattern 38, "Project Sluts"：Copyright:Roberto A.Sanchez/iStockPhoto
Pattern 39, "Atlas"：Copyright © by Nick Martucci | Agency:Dreamstime.com

Pattern 40, "Everyone Wears Clothes for a Reason" : Copyright © Tim Davis/Corbis/amanaimages
Pattern 41, "Peer Preview" : Copyright © 2007 by Felix Möckel/iStockPhoto
Pattern 42, "Snorkeling and Scuba Diving" : "The Atlantic Trench," from the Wikipedia Commons
Pattern 43, "It's Always the Goddamned Interfaces" : Copyright © by Frances Twitty/iStock Photo
Pattern 44, "The Blue Zone" : Photographer understood to be John T. Daniels. Library of Congress/Wikipedia Commons
Pattern 45, "News Improvement" : From left,(a)Copyright Maartje van Caspel/iStockPhoto;(b) Copyright Guillermo Perales Gonzales/iStockPhoto; (c) Copyright Michael Kemter/iStockPhoto; (d) Copyright Duncan Walker/iStockPhoto
Pattern 46, "Telling the Truth Slowly" : "Untitled 12" (2001) by Tai-Shan Schierenberg, courtesy Flowers,London
Pattern 47, "Practicing Endgame" : Photo by bluestocking/iStockPhoto
Pattern 48, "The Music Makers" : Photo courtesy of Borys Stokowski
Pattern 49, "Journalists" : Artist:doodlemachine/iStockPhoto
Pattern 50, "The Empty Chair" : Photo by James Robertson
Pattern 51, "My Cousin Vinny" : 20TH Century Fox/The Kobal Collection
Pattern 52, "Feature Soup" : Artist:Yails/iStockPhoto
Pattern 54, "Ben" : Copyright:Pathathai Chungyam/iStockPhoto
Pattern 55, "Miss Manners" : Copyright © 2007 by Don Bayley
Pattern 56, "Undivided Attention" : Copyright © 2006 by Joanne Green/iStockPhoto
Pattern 57, "There's No Crying in Baseball!" : Copyright © 2005 by Rob Friedman
Pattern 58, "Cool Hand Luke" : "Confrontation 2" by Chaim Koppelman,Terrain Gallery, used with permission
Pattern 59, "Shipping On-Time,Every Time" : Copyright © by eyeidea/iStockPhoto
Pattern 60, "Food++" : Copyright © by Sawayasu/iStockPhoto
Pattern 61, "Orphaned Deliverables" : Photo copyright © by James Rye
Pattern 62, "Hidden Beauty" : Copyright 2007 by Michael Altschul/visuelmedie.dk
Pattern 64, "Children of Lake Wobegon" : Photo courtesy of Marja Flick-Buijs, used with permission
Pattern 65, "Co-Education" : Copyright:Dmitriy Shironosov/iStockPhoto
Pattern 66, "Seelenverwandtschaft" : TOHO / The Kobal Collection
Pattern 67, "Phillips Head" : Photo from the Wikipedia Commons
Pattern 68, "Predicting Innovation" : Photo by Gabriel Bulla/stock.xchng
Pattern 69, "Marilyn Munster" : CBS/MCA/Universal/The Kobal Collection
Interlude, "The Cutting Room Floor" : Copyright © by Valerie Loiseleux/iStockPhoto
Pattern 71, "Loud and Clear" :Woodcut by Joseph Taylor,Copyright © 2007
Pattern 72, "Safety Valve" : Photo kindly supplied by Weir Valves & Controls UK,Ltd.
Pattern 73, "Babel" : Supplied by Kunsthistorisches Museum,Wien oder KHM,Vienna
Pattern 74, "Surprise!" : Copyright:Pattie Calfy/iStockPhoto
Pattern 75, "Fridge Door" : Photo copyright © by James Rye
Pattern 76, "The Sun'll Come Out Tomorrow" : Photograph by chuwy/iStockPhoto
Pattern 77, "Piling On" : Copyright © Jamie Sguire/Getty Images
Pattern 78, "Seasons for Change" : "Samson and Delilah" woodcut by Bobby Donovan,copyright © 2006
Pattern 79, "Paper Mill" : Copyright:Tim Messick/iStockPhoto
Pattern 80, "Offshore Follies" : Photo by Peter Hruschka
Pattern 81, "War Rooms" : Photo by Peter Hruschka
Pattern 82, "What Smell?" : Copyright:Yanik Chauvin/iStockPhoto

Pattern 83, "Lessons Unlearned" : Pencil drawing by Brian Duey (www.dueysdrawings.com), Copyright ⓒ 2006,used with permission
Pattern 84, "Sanctity of the Half-Baked Idea" : Photograph courtesy of James Dyson
Pattern 85, "Leakage" : Copyright ⓒ by John Carleton | Agency: Dreamstime.com. German image credit:Copyright:Lise Gagne

訳者あとがき

　大変だ！　急げ、間に合わない、必死でやれ！　今日も世界中の〔アドレナリンジャンキー〕の叫びが聞こえる。全員が120%フル回転しているのに、じわじわと遅れは広がる。なぜ？　どうして？　チームが〔ダボハゼ〕のようによくばって仕事を増やしているせいかもしれない。いや、それとも〔パイリングオン〕を食らって、どうでもいい仕事を詰め込まれ、プロジェクトが〔機能のスープ〕になっているのかも。間に合うはずがない。このプロジェクトは〔死んだ魚〕だと、全員が気づいている。なのにトップが何も知らないのは、〔ニュースの改良〕が行われているからだ。階層を一段あがるごとに、報告はバラ色を帯びていく。本当のことを知る人びとは、それを黙って見ている。〔真実はゆっくり告げる〕にかぎる。

　隣のチームもフル加速しているようだが、ちょっと様子が違う。〔スピード勝負〕のそのチームは、課題を与えられるとすぐに行動計画を立てて動きだす。プロジェクトは軽快に〔リズム〕を刻んで進んでいく。〔作戦会議室〕は活気にあふれ、壁には〔冷蔵庫のドア〕のようにメモやレポートが貼られている。メンバーは〔一人一役〕、役割が決まっている。時にはその枠を超え、掟破りぎりぎりの〔ブルーゾーン〕で活動するメンバーもいる。それもすべて、チームを支える〔乳母〕マネジャーあってのことだ。

　トム・デマルコと仲間たちが描くプロジェクト絵巻には、どこかで見たような人、チーム、組織の話が、86パターンにわたって綴られている。特に決まった順序立てもなく、さまざまなパターンを紹介するこの形式は、クリストファー・アレグザンダーが提唱した「パタン・ランゲージ」に刺激を受けてのものだと言う。もともとの建築の世界ではブレイクしなかったが、ケント・ベックやウォード・カニンガムをはじめ、ソフトウエア業界に大きな影響を与えた概念である。著者が組み立てた構造にしたがって知

識を理解するのではなく、さまざまなパターンに触れることで、読者自身が直感を研ぎ澄ましてほしいということだ。

　トム・デマルコについてはすでにご存知の読者も多いと思うが、90年代、開発プロジェクトの人間的側面に焦点をあてた『ピープルウエア』をティム・リスターと共著し、日本でも大きな話題を呼んだ。その後も、架空の国のソフトウエア開発プロジェクトをフィクションで描いた『デッドライン』、あらゆる知識労働組織のあり方を説いた『ゆとりの法則』、ふたたびティム・リスターとの共著でリスクマネジメントの意義と方法論を鮮やかに展開した『熊とワルツを』など、明快な論理と人間味あふれる文章でプログラマー、SE、プロジェクトマネジャーを魅了してきた。

　トム・デマルコは、システム開発分野を専門とするコンサルタント会社、アトランティック・システムズ・ギルドの会長であり、本書はギルドを共同経営する6人のパートナーによる共同プロジェクトである。原著は2008年に出版され、コンピュータ業界のオスカー賞といわれるJolt Awardsの2008年一般書部門（Books General）で大賞を受賞している。デマルコにとっては、2003年『熊とワルツを』に続いての受賞となる。

　6人の著者は、アメリカ、イギリス、ドイツと世界各地を拠点とし、年に1週間だけカリフォルニアに集まって顔を合わせる究極の分散チームだ。その6人が本書のアイデアを温め始めたのは、何年も前のことだという。6人合わせて延べ150年の経験の中から見えてきた知識労働組織の「典型的パターン」を1冊の本としてまとめることを計画したのだ。最初は150ほどのパターンが挙がっていたが、最終的に86のパターンに絞り込まれた。著者たちの活動基盤からIT業界に関連するパターンが多いが、広く知識労働にたずさわる人びとを対象として想定したという。

　これらのパターンは、大きく3つに分けられる。プロジェクトマネジャーや開発者など「個人」の行動パターン、「チーム」の行動パターン、そして「組織」の行動パターンである。そのなかには良いパターンもあれば悪いパターンもあるが、本書ではあえて善悪の評価を下すことはせず、さまざまな典型パターンの列挙に徹している。このパターンはいつかどこかで見た、このパターンにはまってはいけない、読者がそう思える瞬間があれば、著者

たちの目的は達せられたと言えるだろう。

　かならずしも1つのパターンを1人が書いているわけではないが、このパターンは誰のアイデアだろうと想像しながら読んでみるのも楽しみのひとつだ。パターンごとに掲載されている図や写真のなかには、著者が描いたり撮影したりしたものや著者自身の姿もあり、この共著プロジェクトの活気にふれ著者を身近に感じることができる。

　最後に、今回も日経BP社の高畠知子氏には大変お世話になった。一緒に手がけたデマルコの訳書はすでに4冊目になる。いつも前向きにプロジェクトを支えてくださる〔乳母〕のような存在の高畠氏に心から感謝したい。

2009年9月
伊豆原 弓

パターン索引

8	アイコンタクト	24
76	明日には日が昇る	225
39	アトラス	116
1	アドレナリンジャンキー	1
72	安全弁	214
27	いつわりの緊急任務	83
51	いとこのビニー	154
68	イノベーションの予測	201
43	いまいましいインタフェース	130
5	乳母	14
17	永遠の議論	53
19	映画評論家	59
34	エセ品質ゲート	101
47	エンドゲームの練習	143
80	オフショアの愚行	237
71	音吐朗々	211
26	かかし	80
62	隠れた美	182
6	関連痛	17
59	期日はかならず守れる	173
52	機能のスープ	157
65	共同学習	192
50	空席	151
18	子犬と老犬	56
4	幸福礼賛会議	12
36	サイダーハウス・ルール	107
81	作戦会議室	241
74	サプライズ	219
32	残業に見る予兆	95
28	［時間］に切り札を奪われる	85
23	静かすぎるオフィス	73
22	自然な権威	71
49	ジャーナリスト	149
67	十字穴付きネジ	198
42	シュノーケリングとスキューバダイビング	127
46	真実はゆっくり告げる	140
10	信者	32
3	死んだ魚	9
2	スピード勝負	5
79	製紙工場	234
54	その名は「ベン」	162

21	ソビエト式	68
16	ダッシュボード	48
38	ダボハゼ	113
66	魂の仲間	195
11	魂を貸す	35
30	ちびた鉛筆	91
56	知力の集中	166
25	沈黙は同意とみなされる	77
53	データエラーの真犯人	160
35	テストの前のテスト	105
86	テンプレートゾンビ	255
15	「どうしてミケランジェロになれないんだ?」	46
84	生半可なアイデアの美徳	250
82	何のにおい?	243
45	ニュースの改良	136
77	パイリングオン	229
24	白線	74
40	裸の組織	120
73	バベルの塔	217
41	ピア・プレビュー	123
20	一人一役	63
60	フード++	176
14	フェイスタイム	43
70	ブラウン運動	209
44	ブルーゾーン	133
閑話	プロジェクトことば	66
78	変更の季節	231
閑話	編集室の残骸	207
13	ベンチに人なし	41
58	暴力脱獄	171
33	ポーカーの夕べ	98
61	ほったらかしの成果物	179
37	まず話す、次に書く	110
7	マニャーナ	20
69	マリリン・マンスター	204
55	ミス・マナーズ	164
83	身につかない教訓	246
48	ミュージックメーカー	146
9	ムードリング	27
57	「野球に泣くなんてのはないんだ!」	169
85	リーク	252
31	リズム	93
29	ルイス&クラーク	88
64	レイクウォビゴンの子供たち	188
75	冷蔵庫のドア	221
12	レミングサイクル	38
63	わかりません	185

著者紹介

(左から)ティム・リスター、ピーター・フルシュカ、トム・デマルコ、スザンヌ・ロバートソン、スティーブ・マクメナミン、ジェームズ・ロバートソン

アトランティック・システムズ・ギルド (Atlantic Systems Guild)

複雑なシステム構築プロセスを専門とするコンサルティング組織。特に人間的な側面に重点を置く。何らかのシステムを開発している組織では、おそらくアトランティック・システムズ・ギルドで考案された手法やアプローチが使われている。ギルドには6人の代表がいる。

トム・デマルコ (Tom DeMarco)

プロジェクトの成功と、時には失敗(訴訟)を専門とするコンサルタント。1980年代に構造化手法を提唱し、エドワード・ヨードンとともに、構造化手法の一時代を牽引した。ティム・リスターとの共著のほか、『デッドライン――ソフト開発を成功に導く101の法則』『ゆとりの法則――誰も書かなかったプロジェクト管理の誤解』(以上日経BP社)など、計12冊の著書がある(技術関連書以外に、小説や短編集もある)。妻のサリー・O・スミスとともにメイン州に暮らす。

ピーター・フルシュカ (Peter Hruschka)

ドイツ・アーヘン在住。組み込みリアルタイムシステムの要求と設計を専門とする。システムアーキテクチャ文書用のARC42テンプレートの共同開発者。構造化手法やオブジェクト指向手法のためのモデリングツールを開発した経験もある。手法やツールに関する共著が多数ある。

ティム・リスター (Tim Lister)

ギルドのニューヨーク・オフィスを拠点に活動。システム企業が手持ちの資源を有効に生かせるようにするためのコンサルティングを行っている。リスクマネジメント信者を自認。生産性や品質もリスク／リターンとの関係で考えなければ意味がないと信じている。トム・デマルコとの共著に『ピープルウエア――ヤル気こそプロジェクト成功の鍵』『熊とワルツを――リスクを愉しむプロジェクト管理』(共に日経BP社)がある。

スティーブ・マクメナミン（Steve McMenamin）
ボーランド・ソフトウエアのエンジニアリング担当副社長として、オープン・アプリケーションライフサイクル管理（Open ALM）製品のいくつかの開発を担当している。ボーランドに入社する前は、BEA システムズ、クロスゲイン、エジソン・インターナショナルの管理職を歴任。

スザンヌ＆ジェームズ・ロバートソン（Suzanne & James Robertson）
ロンドン在住。広く利用されている Volere 要求仕様書テンプレートなど、Volere 要求プロセスの考案者。セミナーやコンサルティング活動を通じて、世界中の組織に要求の発見と伝達のコツを指南している。著書に『ソフトウエアの要求「発明」学──誰も書かなかった要求仕様の勘違い』（日経 BP 社）などがある。

訳者紹介

伊豆原 弓（いずはら ゆみ）
翻訳家。1966 年生まれ。訳書に『イノベーションのジレンマ』『ワインバーグの文章読本』（以上翔泳社）、『熊とワルツを』『ゆとりの法則』『デッドライン』『コンサルタントの道具箱』『プログラマーのジレンマ』（以上日経 BP 社）、『HP ウェイ』（日本経済新聞社）などがある。

アドレナリンジャンキー
プロジェクトの現在と未来を映す86パターン

2009年10月26日　1版1刷
2023年 9月12日　1版5刷

著　者	トム・デマルコ、ピーター・フルシュカ、ティム・リスター、スティーブ・マクメナミン、ジェームズ・ロバートソン、スザンヌ・ロバートソン
訳　者	伊豆原 弓
発行者	中川 ヒロミ
発　行	株式会社日経BP
発　売	株式会社日経BPマーケティング 〒105-8308　東京都港区虎ノ門4-3-12
装　幀	黒田 貴
カバーイラスト	大塚 砂織
制　作	クニメディア（株）
印刷・製本	図書印刷（株）

ISBN978-4-8222-8401-5

printed in Japan

●本書の無断複写複製（コピー等）は、著作権法上の例外を除き、禁じられています。購入者以外の第三者による電子データ化及び電子書籍化は、私的使用を含め一切認められておりません。本書籍に関するお問い合わせ、　ご連絡は下記にて承ります。
https://nkbp.jp/booksQA